HSM 연구소 BI 총서

중급

SAS 데이터 엔지니어링

이성희 · 박영택 지음

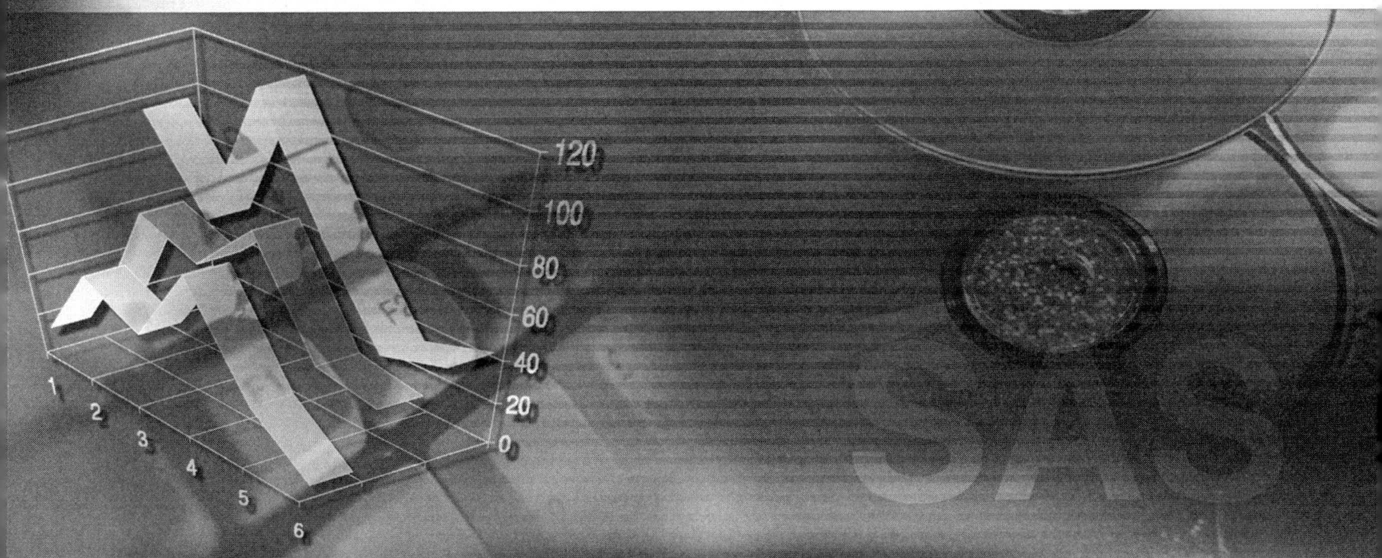

SAS Data Engineering

KYOWOO CO. Publishing
教友社

머리말

정보공간은 복잡한 정보의 유기적 관계를 설명하기 위한 수학적 이론이다. 정보공간을 이론적으로 분해하여 보다 용이하게 정보를 이해하고 설명하고자 하는 노력이다. 이러한 정보들은 정보알갱이들의 집합으로 표현한다. 정보 알갱이들은 그 어떤 정보들과도 연관성을 가지지 않은 독립적인 자기만의 정보를 일컫는다. 따라서 정보 알갱이의 명확한 정의와 이해는 매우 중요하다.

데이터는 논리적으로 코딩 과정에 의해 변환된 정보 알갱이들의 조합이다. 코딩이란 정보의 계량화 가능성에 따라 수치, 기호 또는 문자의 형태로 표현하는 행위를 말한다. 따라서 데이터는 단순하게 수치와 기호의 조합으로 구성된 집합이라고도 말할 수 있다. 데이터는 얻고자 하는 목적(정보의 조합)에 따라 여러 형태로 구분되어 수집된다. 고객의 행태, 학생들의 성적, 사원정보, 데이터를 설명하기 위한 정보들(성별, 연령그룹, 직위, 질문 문항의 응답 등), 특정 목적의 조사들(지지율 조사, 의식조사 등), 여러 시스템에서 자동적으로 획득되는 정보(거래정보, 생산 공정 정보, 유통 정보 등) 등등 다양한 형태의 정보가 데이터로 생산, 수집된다.

이와 같이 양산되는 데이터는 물리적으로 각 점들이 나열된 여러 선이 모여 만들어진 직사각형의 모양을 하고 있다. 여기서 선은 세로선과 가로선으로 나뉘고 세로선을 컬럼, 변수, 필드라고 하며 가로선을 행, 관찰치, 레코드라고 한다. 데이터는 행렬, 셋, 테이블이라고 한다. 결국 데이터의 물리적 이해는 점, 세로선, 가로선에 대한 특성의 이해로부터 출발하게 된다. 본서는 데이터의 물리적 이해를 돕기 위한 것이다.

데이터의 이해로부터 정보를 이해하고, 반대로 정보를 명확히 이해하고 데이터의 이해를 하는 서로 상반되는 관계를 가지고 있기도 한다. “데이터”에 대한 설명을 위해 대부분 전자와 같은 접근법이 활용되는 것 같다. 데이터로부터의 출발은 물리적 오류를 최소화할 수 있다. 반면, 논리적 오류를 불러 올 수 있다는 단점이 있다. 따라서 정보와 데이터 간의 유기적 관계를 분명히 이해하고 데이터를 이해하려고 노력해야 할 것이다.

본서는 데이터의 관점에서 정보를 해석하기 위한 과정의 하나로 “**데이터를 명확히 이해하고 유용한 형태의 데이터를 만들어 나가기 위한 과정**”을 원리와 예제를 통해 습득하도록 구성하고 있다. 특히, SAS를 활용하여 데이터의 정교화를 위한 과정을 설명한다.

본서는 데이터에 대한 이해도를 가지고 있으며 SAS의 기초 소양을 가지고 있는 사람을 대상으로 한다. 물론, SAS 기본 과정을 이수한 초급자들도 포함한다. 따라서 데이터 핸들링이 필요한 학부생 및 대학원생들과 SAS 시스템의 운영을 위해 SAS를 처음 시작하고자 하는 개발자들에게 매우 유용한 가이드라인이 될 것이다.

본서는 9개의 장으로 구성되어 있고 본문에는 다양한 팁을 삽입하여 이해도 및 실무에서 활용하기 편리하도록 구성하였다. 1장은 SAS 기본과정을 설명한다. 이미 SAS의 기본운영을 다룰 줄 안다면 복습 및 실무 활용 관점에서라도 반드시 리뷰하는 것이 좋겠다. 2장은 SQL의 기본 사용법, 3장에서는 SAS 매크로의 기술적 사용법, 4장과 5장에서는 데이터 핸들링을 위한 기본 프로시저를 정리하였고, 6장에서는 데이터스텝과 매크로를 비교하면서 표본추출 사례를 소개하였고, 7장에서는 종합테스트 및 실제 실무에서 활용되는 중요한 모듈들을 이해하기 편리하도록 예제로 구성하였고, 8장에서는 서버 간의 통신을 통한 대용량 데이터 접근 방법을 설명하였고, 마지막으로 9장에서는 SAS를 활용하여 프로그래밍하기 위한 여러 가지 환경 설정 방법들을 비롯한 SAS 활용 팁을 소개하였다.

본서를 마스터하면 “SAS를 이용한 데이터 핸들링”의 중급 수준까지 올릴 수 있다. 특히, 본서의 7.1절에 종합테스트를 스스로 해결할 수 있다면 중초급 수준의 SAS 데이터 핸들러라고 판단할 수 있겠다.

본서에 제공되는 예제데이터를 포함한 모든 프로그램 코드는 "http://sena.pe.kr/DE"에서 다운받을 수 있다. 질문과 답 코너에서는 교재 내용 및 프로그래밍에 관하여 다양한 의견을 나눌 수 있는 공간을 제공한다.

본서의 함수 부분을 정리해 주신 솔루션사업팀 이상민, 박경탁, 안성무, 김환덕 님, 활용 예제 작성에 다양한 의견을 주신 솔루션사업팀 함기섭 팀장 이하 김덕호, 김현수, 조은제 님, SAS 활용 팁에 문원빈, 신영진, 임우택 님께 감사드립니다. 또한 전반적인 구성에 의견을 주신 저희 (주)허브넷의 임직원 여러분들께 감사를 표한다. 특히 본서의 출판을 맡아 주신 교우사 임직원 여러분께 진심으로 감사드린다.

2006년
공저자 씀

차 례

chapter 01

SAS 기본 프로그래밍

SAS는 크게 데이터를 변환하거나 생성하기 위해 활용하는 데이터스텝과 생성된 데이터를 활용하기 위한 PROC 스텝으로 구분한다. 데이터 스텝에서는 주로 데이터를 생성하는 역할을 담당하며 다양한 형태의 함수 또는 변환 기능을 적용할 수 있다. 또한 PROC 스텝에서도 데이터 변환을 위한 다양한 기능을 제공하고 있다. 본 장에서는 데이터스텝에서 처리 가능한 SAS의 기본적인 데이터 활용 기술을 설명한다.

1.1 프로그래밍 기본

SAS 프로그래밍의 기본 규칙은 다음과 같다. SAS는 자체 해석기에 의해 수행된 프로그램의 오류를 체크하고 해당하는 각각의 SAS 모듈을 호출하여 수행 결과를 사용자에게 되돌려준다. 이러한 SAS 자신만의 언어를 "SAS LANGUAGE"라고 한다.

1.1.1 프로그램 코딩 규칙

SAS 프로그램을 작성할 때 다음과 같은 SAS 언어의 규칙을 반드시 지켜야 한다.

① SAS 문장은 [SAS키워드 공백 사용자 정의;]와 같이 사용한다.
② SAS 문장은 반드시 세미콜론(;)으로 끝난다. 따라서 하나의 문장을 여러 행에 걸쳐 코딩하거나 한 줄에 여러 개의 SAS 문장을 코딩할 수 있다.
③ 영문자는 대소문자의 구분이 없다.
④ 사용자가 지정하는 데이터셋, 변수 명 등은 반드시 영문자로 시작하며 255 문자 이내로 사용하여야 한다(단, "_"로 시작할 수 있다).

확장 편집기에서는 다음과 같이 색상 구분을 통해 오류의 발견이 용이하다(도구>옵션>확장편집기 메뉴로 설정 가능하다).

[표 1-1] 확장편집기 색상

코딩 유형	색상
프로그램 단계 (DATA 스텝 및 PROC 스텝 등)	곤색
사용자 옵션	파랑
사용자 정의 변수명 등	검정
주석처리	초록
수치	청록
데이터	미색의 음영
오류문장	빨강

♠ 프로그램 코드를 **확장편집기**에 입력하면서 색상을 확인해 보자.

SAS에서 한 문장의 주석문은 *로 시작하여 ;을 찍는다. 여러 문장을 주석 처리하는 방법은 /*로 시작하여 */로 정의한다.

① *----Sample Program---;

② /*　　예제 프로그램
　　2005년 8월 11일 작성
*/

1.1.2 프로그램 오류 최소화

프로그램의 실행 이후 자동적으로 출력(OUTPUT/RESULT) 창으로 이동하지 않거나 확장편집기가 활성화되어 있다면 오류를 의심할 수 있다. 또는 데이터셋을 생성하거나 변경한 경우, 즉 출력과는 무관한 프로그램인 경우이다.

(1) 문법 오류

문법 오류는 프로그램 작성의 오류에서 발생한다. 대부분의 기본적인 오류는 확장편집기 상에서 색상의 검토로 수정될 수 있다, 특히 프로그램 작성에서 다음과 같은 오류가 빈번하게 발생하므로 주의를 요한다.

① 세미콜론(;)이 정확히 찍혀 있는가?
☞ 하나의 문장 끝에는 반드시 세미콜론(;)이 입력된다.

② SAS 명령문의 철자가 맞는가?
☞ 로그창에 추천 명령어들이 출력된다.

③ 사용자가 지정한 데이터셋, 변수명 등이 올바른가?
☞ SAS 탐색기에서 데이터셋의 속성을 확인한다.

④ 따옴표의 사용이 맞는가? ('과 "의 혼합사용)
☞ 겹 따옴표(")를 사용한다.

⑤ 주석 문장의 처리가 올바른가?
☞ *로 시작하는 주석문에 세미콜론(;)이 포함되었거나 /* 주석문 */이 중첩되었는지 확인한다.

⑥ 괄호의 개수가 일치하는가?
☞ 복잡한 수식에 대해 괄호 개수와 위치를 확인한다.

⑦ 순환구조의 종료 문장이 누락되어 있는가? (DO~END)
☞ 중첩되지 않았는지 재확인한다.

⑧ 문자형 변수의 지정이 올바른가? ($기호 구분)
☞ 문자형 값을 숫자로 지정한 경우는 결측치가 발생한다. 단, 숫자인 경우는 그대로 숫자로 인식한다.

⑨ 데이터 개수와 변수의 개수가 일치하는가? (INPUT문)

☞ 데이터의 변수 개수가 부족하면 오류가 발생된다.

⑩ ELSE 뒤에 THEN을 추가했는가?

☞ THEN 문장을 삭제한다.

⑪ 수정하려는 데이터셋이 열려 있지 않은가? (뷰테이블 등)

☞ 동시 다발적인 데이터 오픈이 허용되지 않는다.

⑫ 프로그램이 완전 종료가 안 되었는가? (QUIT; 삽입)

☞ 그래프 등의 수행에서 프로세스가 남게 된다.

⑬ 데이터 스텝의 일부만 수행되지 않았는가? (QUIT; 삽입)

☞ 데이터 스텝, PROC 스텝에서 QUIT;을 삽입한다.

프로그램 코드의 오류를 줄이는 작업은 데이터 편집에서 매우 중요한 단계이다. 오류를 최소화하기 위해서는 다음과 같은 방법을 활용하면 좋다.

SAS는 프로그램 문장의 오류에 대한 추천 기능을 기본적으로 제공하고 있다. 따라서 오류 로그를 참조하여 대부분의 문법 오류를 수정할 수 있다.

▶ 다음 문장은 특정 자릿수에 위치한 WHERE 뒤에 "="이 빠져 있음을 경고하고 있다.

[표 1-2] 문법 오류 로그 예제-1

```
123      DATA=sorted_score (WHERE (notin (3)));
                                 -------
                                 12    12
ERROR 12-63: Missing '=' for option WHERE.
```

▶ SAS에서 사용하는 PROC 이름 및 주요 키워드의 사용이 잘못된 경우에는 다음과 같이 오류 대신 "경고" 메시지를 출력하고 프로그램은 정상적으로 수행한다.

[표 1-3] 문법 오류 로그 예제-2

```
192  PRCO MEANS;
     -----
     14
WARNING 14-169: Assuming the symbol PROC was
misspelled as PRCO.
```

▶ 다음과 같이 변수명을 찾을 수 없는 경우에는 해당 데이터의 지정이 잘못되었거나 변수가 존재하지 않는 경우임을 파악해야 한다. 이 경우 데이터를 열어 데이터셋이 정확한지 확인하거나 해당 변수가 데이터셋에 존재하는지를 확인한다.

♠ SAS 탐색기에 표시되는 해당 데이터셋의 팝업메뉴를 통해 컬럼속성을 참조한다.

[표 1-4] 문법 오류 로그 예제-3

```
179  PROC GPLOT;
180      PLOT y*x;
ERROR: 변수 'Y'을(를) 찾을 수 없습니다.
노트 : 이전 문장은 삭제됩니다.
181  RUN;
```

(2) 논리 오류

논리 오류는 프로그램 작성에는 오류가 없으나 데이터 및 데이터의 처리 흐름에 대한 이해가 부족하여 결과가 의도한대로 계산되지 않는 경우이다. 일반적 개념의 논리 오류는, 문법은 정확하지만 계산로직의 오류가 발생하여 의도한대로 결과가 도출되지 않거나 계산되지 않는 경우이다. 여기에서는 로그를 통해 해결 가능한 논리적 오류 형태에 대하여 설명한다.

① 정렬변수의 데이터타입이 다르지 않은가? (데이터타입)
☞ 서로 다른 데이터셋에 변수명은 동일하나 변수의 타입이 서로 다른 경우로 숫자 또는 문자로 동일하게 변경해야 한다.

② 문자형 변수의 LENGTH가 다르지 않은가? (LENGTH)
☞ 변수명과 변수의 타입은 동일하나 길이가 다르므로 LENGTH 문장을 이용하여 동일한 길이로 설정한다.

③ 문자형 변수들 간의 계산을 시도하였는가? (숫자만 있는 경우는 계산이 이루어짐)
☞ 수식에 사용된 모든 변수에 숫자가 있는 경우에만 연산이 이루어진다(로그에 결측치가 발생되었다는 메시지가

출력되면 결과를 재검토하는 것이 좋다).

④ 인용한 변수가 데이터셋에 존재하지 않는가?
  ☞ SAS 탐색기를 통해 컬럼속성에서 변수명을 확인한다.

⑤ 문자열이 잘리는가? (LENGTH 정의)
  ☞ LENGTH가 정의되지 않으면 최초 행의 데이터를 기준으로 길이가 자동 정의된다.

⑥ 원 데이터와 다른 값이 출력되는가? (FORMAT 적용)
  ☞ FORMAT은 원 데이터에 껍데기를 입히는 것에 불과하므로 적절한 FORMAT이 적용되었는지 확인한다.

⑦ 데이터가 의도대로 생성되지 않는가? (INPUT)
  ☞ INPUT 문장에서 변수명, 타입, 길이, 위치 등을 명확히 정의하여야 한다.

서로 다른 데이터타입의 연산은 기본적으로 가능하다. 다만, 숫자로 인식할 수 없는 문자형 데이터와 수치형 데이터의 연산은 결측치를 발생시킨다. 반면, 데이터타입이 서로 다르면 기준변수로 사용할 수 없다. 데이터의 병합 등에 사용하는 기준변수는 데이터타입이 동일해야 한다.

▶ 다음 예제는 서로 다른 데이터 타입의 기준변수(GROUP)로 데이터병합을 시도한 경우 발생하는 오류이다.

[표 1-5] 논리 오류 로그 예제-1

```
49    data kk;
50          merge k1 k2;
ERROR: Variable group has been defined as both character
and numeric.
51          by group;
52    run;
```

▶ 기준변수가 동일한 문자형 변수라고 하더라도 변수값의 길이가 서로 다르게 정의된 경우에는 다음과 같은 경고가 출력되고 정상적으로 수행된 것처럼 로그가 출력된다. 그러나 실질적으로 데이터를 열어 확인하면 엉뚱한 데이터 병합이 발생된 것

을 확인할 수 있다. SAS는 자릿수가 작은 기준으로 데이터를 확인하여 데이터 병합을 수행한다.

[표 1-6] 논리 오류 로그 예제-2

```
data kk;
   merge k1 k2;
   by group;
run;

WARNING: Multiple lengths were specified for the BY variable GROUP by input data sets. This may cause unexpected results.
NOTE: MERGE statement has more than one data set with repeats of BY values.
NOTE: 15개의 관측치를 데이터셋 WORK.K1. (으)로부터 읽었습니다.
NOTE: 15개의 관측치를 데이터셋 WORK.K2. (으)로부터 읽었습니다.
NOTE: 데이터셋 'WORK.KK'은(는) 15개 관측치, 3개 변수를 가지고 있습니다.
```

▶ 문자열의 길이를 사전에 정의하지 않으면 처음 읽은 문자열의 길이로 인식해 버린다. 따라서 문자열의 길이를 정의(LENGTH 문장)하지 않으면 문자열이 잘리는 경우가 발생한다. 다음 예제는 이런 상황을 잘 설명한다. IF 문장을 반대로 사용하면 의도한 결과가 정확히 반영된다.

[표 1-7] 논리 오류 로그 예제-3

```
DATA CUSTOMER;
  SET CUSTOMER;
  IF sex=1 THEN GENDER="Male";
  ELSE GENDER="Female";
RUN;

〈결과〉
Obs   sex   AGE   GENDER
 1     1    23    Male
 2     2    25    Fema
 3     1    29    Male
 4     2    23    Fema
```

1.1.3 프로그램의 기본 구조

SAS의 기본 프로그래밍은 데이터의 생성 및 데이터 변환을 처리하기 위한 "데이터 스텝" 및 데이터 분석 및 재가공을 위한 "PROC 스텝"으로 구성되어 있다.

(1) 데이터 스텝

SAS 데이터셋과 변수를 각각 정의하고 정의된 변수들을 이용하여 새로운 변수를 생성하거나 시스템 변수를 이용하여 신규 변수를 생성하는 등의 작업을 수행한다. 다음은 4개 과목의 변수들(kor, eng, math, soc)을 정의하고 SCORE라는 데이터를 작성하는 예제이다. _N_은 시스템 변수로 데이터를 읽는 순서에 따라 일련번호가 부여된다. MEAN은 변수들 값에 대한 평균을 계산하는 함수이다.

[표 1-8] 데이터 스텝 예제

```
DATA score;                              데이터 정의
   INPUT kor eng math soc;               변수 정의
   score=MEAN(kor,eng,math,soc);         신규 변수 생성
   id=_N_;                               일련번호 생성
   DATALINES;                            데이터 시작
75 85 75 90
90 95 85 85                              데이터
85 80 85 90
90 90 85 90
;                                        데이터 종료
```

♠ 상기 score 데이터는 본 장에서 예제 데이터로 활용된다.

(2) PROC 스텝

데이터 스텝을 통해 생성된 SAS 데이터셋을 활용하여 정렬, 전치, 순위, 요약 등의 행 단위의 추가적인 데이터 변환 및 데이터분석을 수행하기 위한 단계이다. 이 단계에서는 이미 생성

된 SAS 데이터셋을 옵션으로 지정하여 데이터 변환 및 분석을 수행한다.

· 데이터 정렬(Sorting)

데이터 스텝의 예제에서 생성된 "score" SAS 데이터셋을 활용하여 4개 과목의 평균점수인 score 변수를 기준으로 내림차순(큰 순서대로) 정렬하여 "sorted_score"라는 새로운 SAS 데이터를 생성하는 예제이다.

[표 1-9] 데이터 정렬 예제

```
PROC SORT                          프로시저 정의
   DATA=score                      입력 데이터 정의
   OUT=sorted_score;               출력 데이터 정의
   BY DESCENDING score;            정렬 변수 정의
RUN;                               프로시저 종료
```

♠ 명령 줄(커맨드라인)에서 "VT sorted_score"를 입력하여 새로 생성된 데이터셋을 확인해 보자.

· 히스토그램 작성

생성된 데이터를 이용하여 점수들을 히스토그램으로 표현하기 위한 예제이다.

[표 1-10] 히스토그램 작성 예제

```
PROC GCHART                        프로시저 정의
   DATA=sorted_score;              입력 데이터 정의
   HBAR score;                     차트 변수 정의
RUN;                               프로시저 종료
```

♠ HBAR 대신 VBAR로 바꾸어 실행해 보자.

· 데이터 분석-상관분석

sorted_score 데이터셋을 이용하여 데이터셋 내의 모든 수치형 변수들에 대한 모든 경우의 상관분석 결과를 수행한다.

[표 1-11] 상관분석 예제

```
PROC CORR                              프로시저 정의
   DATA=sorted_score;                  입력 데이터 정의
                                       분석 변수: 자동
RUN;                                   프로시저 종료
```

1.2 자료의 입력과 출력

1.2.1 라이브러리

라이브러리는 로컬 디스크의 복잡한 폴더 경로를 SAS에서 축약된 단어로 재 정의한 경로명이다. 즉, 복잡한 폴더를 사용하기 쉬운 단어로 정의하는 것이다. SAS는 데이터셋, 포맷, 응용프로그램, 매크로 등을 정의하거나 생성하면 기본값으로 WORK라는 임시 폴더에 저장하게 된다.

지금까지 정의한 SAS 데이터셋은 [WORK.데이터셋]과 같이 “WORK”라는 라이브러리가 생략되어 있던 셈이다. WORK 임시폴더에 저장되어 있던 정보는 SAS의 종료와 함께 모두 삭제된다. 따라서 사용자가 생성하고 정의한 데이터셋, 포맷 등을 영구적으로 저장하려면 특정 폴더에 저장해야 한다.

(1) 라이브러리 확인

특정 라이브러리에 저장된(특정 폴더에 저장된) 데이터셋은 나중에 별도의 데이터셋 생성 과정 없이 프로그램에서 그대로 호출하여 활용할 수 있다. 각 라이브러리의 경로는 다음과 같이 여러 가지 방법에 의해 확인 가능하다.

SAS 탐색기의 “라이브러리>WORK”에서 마우스 오른쪽 클릭으로 팝업메뉴의 “속성”을 클릭한다. 일반 속성 부분을 클릭하여 다음 그림과 같이 실질적인 물리적 경로를 확인할 수 있다.

[그림 1-1] WORK 라이브러리 속성

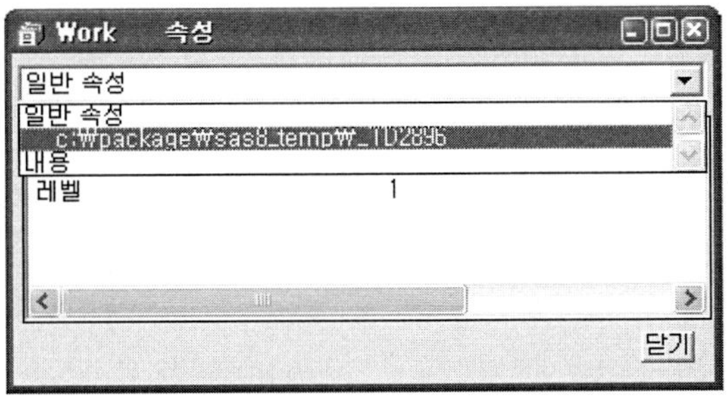

또한 SAS 탐색기에서 메뉴의 "보기>자세히"를 차례로 클릭하여 다음 그림과 같이 각 라이브러리의 경로를 한 번에 확인할 수 있다(단, 설치된 SAS의 경로에 따라 WORK 라이브러리의 폴더는 다르게 할당된다).

[그림 1-2] SAS 탐색기 (자세히)

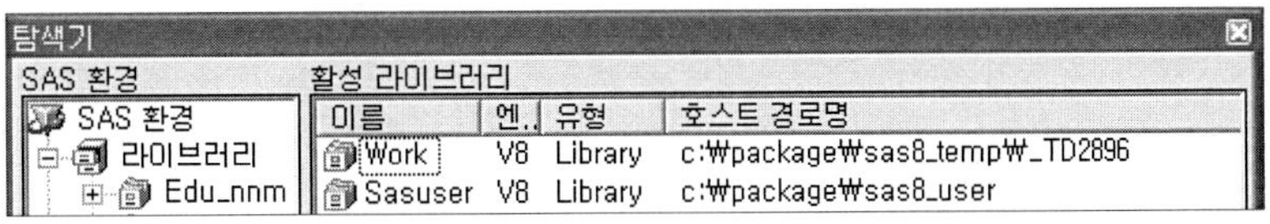

SAS의 좌측 상단에 위치한 명령어 라인에서 dlglib 를 입력하고 실행하여 라이브러리를 관리할 수 있다. 다음 그림처럼 각 라이브러리의 속성 및 라이브러리 내에 담겨 있는 각 구성요소(데이터셋, 카탈로그 등)를 확인하고 새롭게 라이브러리를 지정할 수 있다.

[그림 1-3] 라이브러리 관리(DLGLIB)

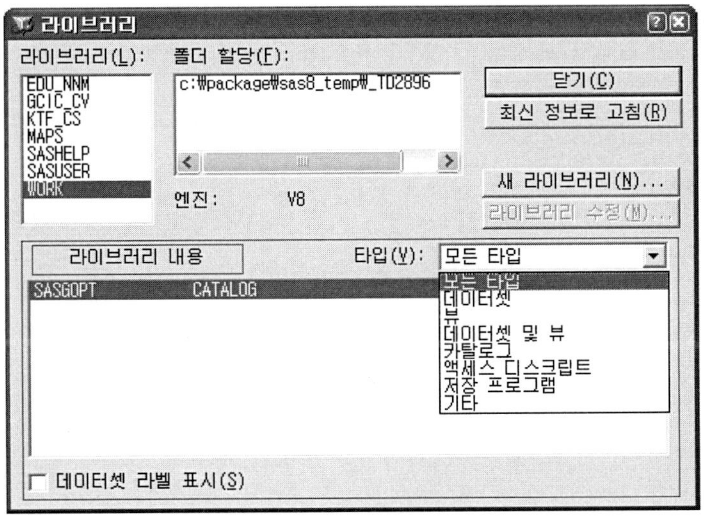

(2) 라이브러리 정의 방법

라이브러리를 정의하기 위해서는
① 라이브러리 이름(사용자 정의)
② 지정할 폴더(사용자 선택)
만 알고 있으면 된다. 라이브러리 이름은 이해가 쉽고 사용하기 편하도록 약어로 설정하는 것이 좋다. 예를 들면, 표본추출에 사용될 라이브러리라고 한다면 "SAM"과 같이 이름을 정의하면 편리할 것이다. 지정할 폴더는 로컬 디스크 내의 경로를 찾아보기(Browse) 등을 이용하여 지정한다.

▶ 동일 폴더에 복수의 라이브러리 지정: 라이브러리는 단순히 폴더를 정의하는 역할만을 수행하므로 동일한 경로라고 하더라도 복수의 라이브러리 지정이 가능하다. 즉, 동일한 로컬 폴더 "D:\sampling"에 대하여 라이브러리는 SAM1, SAM2, SAM3, ...와 같이 동시에 여러 개 지정이 가능하다. 각 지정된 라이브러리의 사용에 따라 데이터셋들은 동일한 "D:\sampling"에 저장된다.

▶ 동일 라이브러리 지정: 동일한 이름의 라이브러리를 지정하는 경우에는 마지막으로 지정한 라이브러리로 대체된다.
"D:\data"를 SAM3라고 지정하면 기존의 폴더 정의는 무시되고 마지막 지정된 "D:\data"가 SAM3로 정의한다.

♠ 라이브러리 경로 및 이름 변경은 재 정의에 의해 수행한다.

▶ 라이브러리 삭제: 라이브러리가 삭제되어도 그 안에 있는 데이터셋 등은 삭제되지 않는다. 라이브러리 삭제는 폴더와의 관계만 삭제하는 것이므로 라이브러리 내의 데이터셋 등과는 무관하다.

(3) 라이브러리 지정(정의)

라이브러리를 정의하는 방법도 여러 가지가 있다. 상기 라이브러리 관리(DLGLIB)에서 "새 라이브러리"를 클릭하여 라이브러리를 신규 정의할 수 있다. 라이브러리 이름과 할당할 폴더를 각각 정의한다.

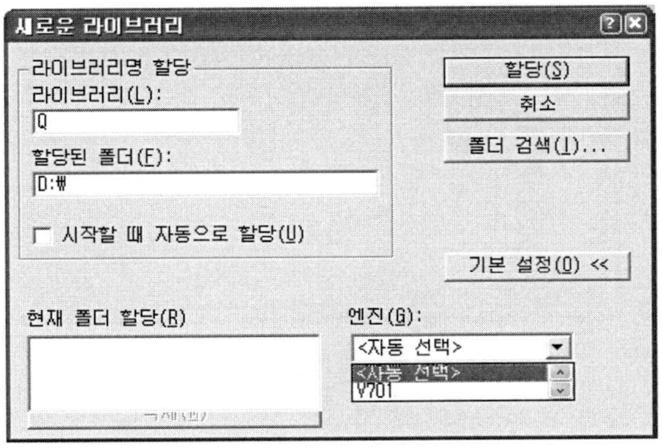

[그림 1-4] 신규 라이브러리 정의-1 (DLGLIB)

SAS 화면 상단의 아이콘 를 클릭하거나 SAS 탐색기에서 라이브러리를 클릭하고 "파일 > 새로 만들기"를 클릭하여 호출할 수 있다. 또는 SAS 화면 좌측 상단에 있는 SAS 명령어 입력기에 LIBASSIGN 를 입력하여 호출할 수 있다. 다음 화면은 호출된 "새로운 라이브러리" 대화상자이다. 마찬가지 방법으로 라이브러리 이름과 지정할 폴더를 차례로 입력한다. "시작할 때 자동할당"은 SAS 종료 이후에도 지속적으로 라이브러리를 지정하고자 할 때 체크한다. 여기에 체크되면 SAS가 기동하면서 SAS의 자동실행 프로그램이 수행되면서 자동으로 라이브러리를 지정한다.

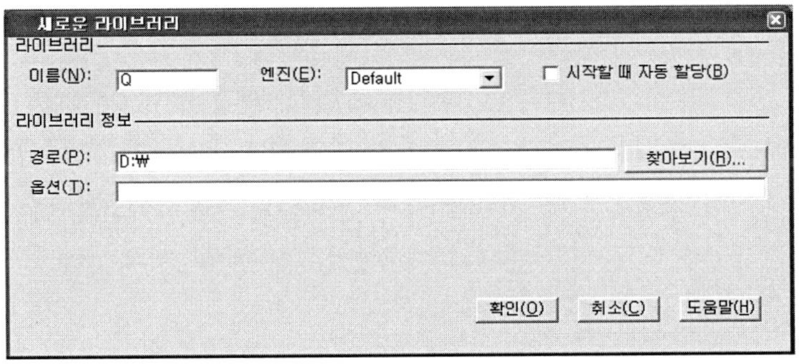

[그림 1-5] 신규 라이브러리(LIBASSIGN)

자동 시작 라이브러리는 메뉴의 솔루션 > 액세서리 > 레지스트리 편집기를 이용하여 설정을 변경하거나 삭제할 수 있다.

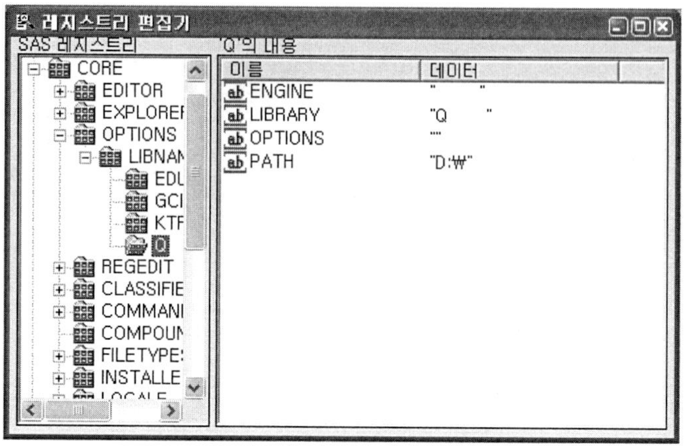

[그림 1-6] SAS 레지스트리 편집기 (REGEDIT)

SAS 코드를 통해 라이브러리를 지정하려면
[LIBNAME 라이브러리명 "폴더";]
와 같이 한다. "Q"라는 이름의 라이브러리를 "D:\"로 지정하는 경우 다음과 같이 코드를 작성한다.

[표 1-12] 라이브러리 정의 (SAS 코드)

```
LIBNAME Q "D:\";
```

다음과 같이 코드를 통해 정의한 라이브러리 경로가 확인 가능하다. 라이브러리 내용이 로그창에 출력된다.

[표 1-13] 라이브러리 정의 내용 확인

```
LIBNAME work LIST;
```

(4) 라이브러리 활용

정의된 라이브러리를 활용하는 방법은 매우 간단하다. 전술한 바와 같이 데이터셋에는 [WORK.]이 생략되어 있으므로 여기에 라이브러리 이름만 기록하면 된다. 사용형식은 다음과 같다. 라이브러리와 데이터셋 등의 구분은 마침표(.)로 한다.

[표 1-14] 라이브러리 활용 방법

```
라이브러리명.데이터셋
```

5명의 성적 데이터(WORK.score)를 Q 라이브러리, 즉 "D:\"에 복사하는 코드는 다음과 같다.

[표 1-15] 라이브러리 활용 예제-1

```
DATA Q.score;
   SET score;
RUN;
```

이렇게 생성된(저장된) SAS 데이터셋은 D:\에 영구적으로 저장되므로 SAS가 종료된다고 하더라도 며칠 후 라이브러리를 지정하고 직접 PROC 스텝의 분석을 수행해도 무방하다. 예를 들면, 다음과 같다.

[표 1-16] 라이브러리 활용 예제-2

```
LIBNAME Q "D:\";
PROC MEANS DATA=Q.score n mean var std;
   VAR score;
RUN;
```

1.2.2 자료의 입력 방법

SAS에서 데이터셋을 생성하기 위한 방법은 크게 3가지가 존재한다.
① SAS 프로그램 내에서 데이터를 입력하거나 신규로 발생시켜 데이터셋을 생성하는 방법,
② 일반 텍스트 또는 오피스 계열의 파일 등과 같이 외부파일을 호출하여 SAS 프로그램으로 생성하는 방법,
③ DBMS 등에서 작성된 데이터를 호출하는 방법이 있다. 기타 SAS에서 제공하고 있는 솔루션 및 스프레드시트를 활용하여 직접 입력 방식으로 데이터를 생성하는 방법도 있다.
본 절에서 주로 ①번과 ②번의 텍스트 형태의 데이터를 SAS 데이터로 생성하기 위한 방법을 설명한다.

(1) 프로그램 내의 데이터 생성

SAS 프로그램 내에 데이터를 입력하여 데이터를 생성하는 것은 기본적으로 다음과 같은 수순으로 코딩이 이루어진다.

① 데이터 정의: DATA dataset name ;
② 변수의 정의: [상세 변수정의]
③ 변수명 정의: INPUT 변수명 [변수타입/길이/위치]... ;
④ 변수의 변환: [변수 변환]
⑤ 데이터 시작: CARDS ; 데이터입력시작
⑥ 데이터 입력: DATA LINE
⑦ 데이터 종료: ;

데이터 생성 예제는 [표 1-8]을 참조하면 좋다.

(2) 외부 텍스트 파일로 생성

외부 텍스트 파일을 이용하여 데이터셋을 생성하는 경우도 프로그램 내에서 생성하는 방법과 동일하다. 다만, 외부 데이터 파일에 대한 정보는 데이터가 삽입되어야 할 부분에 정의되어야 한다. 다음과 같은 방법으로 데이터를 생성한다.

① 데이터 정의: DATA dataset name ;
② 변수의 정의: [상세 변수정의]
③ 파일의 정의: INFILE '외부 파일명' [OPTIONs] ;
④ 변수명 정의: INPUT 변수명 [변수타입/길이/위치]... ;
⑤ 변수의 변환: [변수 변환]

데이터셋 생성 예제는 다음과 같다.

[표 1-17] 외부 텍스트 파일로 데이터 생성 예제-1

```
(c:\REGION.DAT 내용)
 ----+----+----+----
 SEOUL     123456
 BUSAN     67543
 DAEGU     4567
```

```
DATA ONE;
   INFILE  "C:\REGION.DAT";
   INPUT REGION $ 1-8 SALES 11-20;
RUN;
```

1.2.3 데이터 생성 명령문

(1) DATA 문

SAS 프로그램방식에서는 데이터세트 이름으로 255자 내의 임의의 영문자와 숫자를 사용한다. 단, SAS에서 제공하는 솔루션의 특성에 따라 8문자로 제한되기도 한다. 반드시 영문자로 시작해야 하며 특수문자는 사용할 수 없다. 단, 특수문자 중에서 언더 바(_)는 사용 가능하다. SAS에서는 데이터셋을 시스템 명칭으로 정의하는 경우, 단수 데이터셋, 복수 데이터셋을 지정하는 등의 다양한 방법이 지원된다.

① DATA _NULL_

_NULL_은 생성된 데이터셋은 저장되지 않고 데이터 스텝의 중간 계산만 수행된다. 따라서 데이터셋의 생성이 목적이 아닌 데이터 스텝 내에서 계산된 데이터나 변환된 데이터를 매크로 변수(파라미터)로 추출하거나 사용자의 계산식 확인을 위해 종종 이용된다.

② DATA;

데이터셋 이름을 정의하지 않는 경우는 자동적으로 WORK 라이브러리에 DATA1, DATA2, ...와 같이 일련번호로 자동 생성된다.

③ DATA **복수 데이터셋 이름의 나열;**

복수의 데이터 셋 이름을 나열한 경우에는 기본적으로 정의한 모든 데이터셋이 동일하게 생성된다. 정의한 데이터셋에 서로 다른 데이터를 저장하기 위해서는 조건문 등을 이용하여 “OUTPUT 데이터셋 이름”으로 정의한다.

④ **라이브러리 정의**

특정 라이브러리에 데이터셋을 저장하는 경우에는 라이브러리와 데이터셋 이름을 마침표(.)로 구분하여 정의한다. 예를 들면, "DATA q.sample"과 같이 정의한다.

⑤ DATA 문장의 옵션

옵션들은 DATA 문에 나열된 각 데이터셋 이름 뒤에 괄호() 안에 지정한다. DATA 문장에서는 다음 ①~③을 지정할 수 있다. ④, ⑤는 DATA 문장에서 사용할 수 없으나 기존에 생성된 데이터셋 이름 뒤에는 적용할 수 있다. 복수로 정의하는 경우에는 공백 하나 이상을 두고 차례로 정의한다.

① DROP=변수명 : 불필요한 변수제거명령
② KEEP=변수명 : 필요한 변수만 지정할 때
③ RENAME=(OLD변수명=NEW변수명) : 변수명 변경
④ FIRSTOBS=N : 첫 번째 RECODE의 시작위치
⑤ OBS=N : 최종 RECORD의 번호를 지정함

처음 데이터(행)부터 3번째 행까지의 데이터가 생성된다.

[표 1-18] DATA 문장의 옵션 활용 예제

```
DATA score_part (KEEP=id score);
   SET score (OBS=3);
RUN;
```

(2) INPUT 문

INPUT 문은 읽어 들이고자 하는 DATA의 변수이름, 변수의 타입, 기타 변수의 특성을 정의하는 문장(statement)이다. 데이터의 끝(파일은 EOF, 프로그램 내의 데이터는 세미콜론(;))을 만날 때까지 자동적으로 반복해서 데이터를 한 줄 한 줄 지정한 데이터셋에 아래에서 위로 기록한다. 즉, 기본적으로 INPUT 문장에 나열된 변수들을 모두 읽으면 자동적으로 포인터는 다음 행으로 이동한다.

① 자유 형식 (Free Format)

데이터의 구분이 하나 이상의 공백인 경우 사용하며 그 형식은

다음과 같다. 변수명 뒤에 변수타입을 정의하지 않으면 기본값은 숫자타입으로 정의된다. 문자형 변수인 경우에는 변수명 다음에 $ 기호를 반드시 붙인다. 다음 예제에서 score는 수치이고 gender는 문자이므로 변수명 뒤에 $가 붙어 있다. $가 생략되면 결측값(.)으로 기록되고 숫자가 포함된 경우는 숫자로 인식하여 데이터셋이 생성된다.

[표 1-19] INPUT 예제-1 (자유 형식)

```
DATA sample;
   INPUT score gender $;
CARDS;
80 M
85 F
90 M
92 F
;
```

상기 예제는 다음과 같은 순서로 데이터셋을 생성한다.

- WORK 라이브러리(기본값)에 "sample"이라는 SAS 데이터셋을 물리적으로 빈 통을 할당한다.
- INPUT 문장에 의해 CARDS 문장이 있는지 확인한다.
- score 변수는 숫자타입으로 80을 읽고 gender는 문자타입으로 "M"을 읽는다.
- OUTPUT(기본값으로 생략됨) 문장에 의해 데이터셋에 하나의 행이 추가된다.
- 포인터는 두 번째 라인(85 F)으로 이동된다.
- 자동적으로 INPUT 문장으로 이동하여 데이터를 끝까지 읽는다.
- 세미콜론(;)을 만나 더 이상 데이터를 읽지 않고 종료한다.

② 변수의 위치 지정 (column input)

자유형식의 데이터는 변수 사이에 한 칸 이상의 공백을 데이터(변수)의 구분자로 인식한다. 주소 등과 같이 공백이 포함된 데이터는 자유 형식을 이용할 수 없다. 자유 형식과 동일하게 지정하고 다만 변수명 뒤에 데이터의 위치를 정확히 지정한다. 다음과 같은 파일정의서가 있다.

[표 1-20] 파일정의서 예제-1

컬럼명	설명	타입	시작	끝
address	주소	문자	1	16
score1	금회 성적	수치	17	18
score2	이전 성적	수치	19	20

[표 1-21] INPUT 예제-2 (위치 지정)

```
DATA sample;
   INPUT address $  1-16
            score1  17-18
            score2  19-20;
CARDS;
서울 종로구       8089
대전 유성구       8585
대전광역시 서구 9080
충청남도           9290
;
```

정의된 파일정의서를 이용하여 다음과 같이 위치 지정을 통해 데이터를 정의하고 생성한다.

③ 변수의 크기 지정 (formatted input)

변수가 차지하는 열의 위치를 지정하지 않고 길이만을 지정하는 방법이다. 문자인 경우에는 변수명 뒤에 $를 삽입한다.

[표 1-22] 파일정의서 예제-2

컬럼명	설명	타입	시작	길이
address	주소	문자	1	16
score1	금회 성적	수치	17	2
score2	이전 성적	수치	19	2

상기 파일정의서에 따라 데이터의 길이를 이용하여 데이터를 정의하고 생성하는 예제이다. 변수명과 변수타입의 뒤에 길이

를 정의하고 길이를 나타내는 숫자에 마침표를 찍어준다. 소수를 표시하는 경우는 "길이.소수자리"와 같이 정의한다. 3자리에 00.0의 형태라면 "3.1"로 정의한다.

[표 1-23] INPUT 예제-3 (길이 지정)

```
DATA sample;
   INPUT address $  16.
          score1      2.
          score2      2.;
CARDS;
서울 종로구      8089
대전 유성구      8585
대전광역시 서구 9080
충청남도         9290
;
```

Score1과 Score2 변수에 대해 동일한 길이를 정의할 때에는 "(Score1-score2) (2.)"과 같이 괄호()를 사용한다.

④ **변수의 시작 위치 지정** (pointer input)

INPUT 문장은 데이터를 순서대로 좌에서 우, 위에서 아래로 읽는다. INPUT 문장은 정의된 변수를 읽고 나면 행단위로 포인터가 자동으로 이동된다. 따라서 포인터가 제어가능하다면 데이터를 다양한 방법으로 읽을 수 있게 된다. 다음은 포인터의 사용방법을 정리한 것이다.

① COLUMN 위치지정(@) : 지정한 위치로 포인터를 이동

② 건너 띄우기(+) : 지정한 수치만큼 열을 건너 뛴다.

③ LINE 위치지정(#,/) : 입력할 변수의 개수가 많아서 1줄에 입력할 수 없는 경우에는 "#"의 건너 띄울 행 번호, "/"를 이용하여 다음 행이라는 것을 지정해야 한다.

④ LINE holding(@) : 계속하여 같은 라인을 read 하고자 할 경우 사용한다.

⑤ LINE holding(@@) : 라인수에 관계없이 data를 read 하고자 할 경우 사용한다.

[파일정의서 예제-2](20쪽 참조)와 같이 시작 위치까지 동시에 지정해야 하는 경우는 다음과 같이 변수명의 앞에 포인터를 적용하여 해당 컬럼의 위치로 강제 이동시킨다.

[표 1-24] INPUT 예제-4 (시작위치와 길이 지정)

```
DATA sample;
   INPUT @1  address $  16.
         @17 score1       2.
         @19 score2       2.;
CARDS;

서울 종로구      8089
대전 유성구      8585
대전광역시 서구 9080
충청남도         9290
;
```

자유형식의 예제처럼 여러 줄에 걸쳐 데이터가 기록되어 있거나 하나의 행에 여러 개의 데이터가 기록되어 있는 경우는 두 개의 포인터를 연달아 사용하여 INPUT에 정의한 변수를 모두 읽을 때까지 포인터를 유지한다. 즉, 데이터를 끝까지 따라가서 읽도록 한다.

[표 1-25] INPUT 예제-5 (포인터)

```
DATA sample;
   INPUT score gender $ @@;
CARDS;
80 M 85 F
90
M 92 F
;
```

(5) INFILE 문

SAS 프로그램 내에서 DATA를 사용자가 직접 입력하는 경우에는 DATALINES(또는 CARDS) 문을 사용하고 텍스트 형태의 외부 파일을 SAS 프로그램으로 호출하는 경우에는 INFILE 문을 사용한다. 반드시 INFILE 문장 뒤에 INPUT 문장을 작성한다.

INFILE 문장의 주요 옵션은 다음과 같다. 특히 파일에 포함된 데이터의 길이가 매우 긴 경우에는 반드시 "LRECL" 옵션을 지정해야 한다(기본값은 256).

- 외부파일명 : 홑 따옴표(') 또는 겹 따옴표(")로 둘러싼다.
- FIRSTOBS=라인수 : 읽기 시작할 라인 번호
- OBS=라인수 : 읽기를 마칠 라인 번호
- LRECL=N : 논리적 레코드 길이(1~32767)
- PAD : 레코드의 가변길이 적용
- MISSOVER : READ하는 RECORD에 MISSING VALUE가 있으면 변수에 "."을 SET 하고 다음 LINE으로 READ POINTER를 옮김
- STOPOVER : READ 하는 RECORD에 MISSING이 있으면 READ 명령이 중단됨
- TRUNCOVER : 비정상적인 파일을 정상적으로 읽을 때

1.3 SAS 연산자

데이터의 산술적인 계산, 비교, 논리식의 비교 등을 행하는데 필요한 SAS 연산자를 설명한다. 기본적인 연산 순위는 산술 연산자(괄호() ⇨ ** ⇨ * / ⇨ +-) ⇨ NOT(^) ⇨ 비교 연산자 ⇨ 논리 연산자와 같다. 그러나 기본적으로는 배열 순서에 준하여 연산이 수행된다. 따라서 우선순위에 따라 연산 결과에 영향을 미치는 경우는 반드시 괄호를 사용한다.

1.3.1 산술 연산자

변수들 간의 기본적인 사칙연산 등의 계산을 위한 산술 연산자는 다음과 같다.

[표 1-26] 산술 연산자

산술 연산자: + , - , * , / , **

특히, **는 멱승을 수행한다. 즉, $y = x^3 + 3x - 3$에 대한 수식은 SAS 프로그램에서 y=x**3+3*x-3와 같이 코딩한다. 마찬가지로 2의 제곱평방근, $\sqrt{2}$는 멱승 **를 이용하여 2**(1/2) 또는 2**(.5)와 같이 표현 가능하다.

1.3.2 비교 연산자

비교 연산자는 둘 이상의 값을 비교하기 위한 것이다. 다음과 같은 연산자가 제공된다. ^ 기호는 부정(Not)의 의미를 가진다. 액셀 등에서는 ^ 기호는 멱승을 나타낸다.

[표 1-27] 비교 연산자

비교연산자 =(EQ), ^=(NE), 〉(GT), 〈(LT), <=(LE), >=(GE), ^>(NG), ^< (NL)

비교 연산자의 유기적인 조합 및 다양한 활용을 통해 매우 유용한 결과를 도출한다.

· EQ (=)

```
IF _N_=100 THEN STOP;
```

100번째 데이터에 도달했을 때 데이터 스텝을 종료한다. 대량의 데이터를 대상으로 논리적 에러가 있는지 테스트를 수행할 때 유용하게 활용된다.

· NE (^=)

```
IF SCORE ^= .;
```

결측치가 없는 SCORE 변수를 모두 취한다.

· 대소 비교

```
IF SCORE >= 95 THEN GRADE="A+";
```

```
ELSE IF SCORE >= 90 THEN GRADE="A0";
ELSE IF SCORE >= 85 THEN GRADE="B+";
ELSE IF SCORE >= 80 THEN GRADE="B0";
ELSE IF SCORE >= 75 THEN GRADE="C+";
ELSE IF SCORE >= 70 THEN GRADE="C0";
ELSE IF SCORE >= 65 THEN GRADE="D+";
ELSE IF SCORE >= 60 THEN GRADE="D0";
ELSE GRADE="F";
```

· **조합**

```
N_SCORE=1.1*SCORE*(KOR>ENG)
          +0.9*SCORE*(KOR<=ENG);
```

KOR 변수와 ENG 변수를 비교하여 KOR이 큰 경우에는 SCORE에 10%의 가중을 더하고, KOR이 ENG 보다 작거나 같은 경우에는 반대로 10%를 삭감한 결과를 N_SCORE 변수에 담는다.

· **특수 비교**

```
IF COUNTRY >: "J";
```

COUNTRY 변수의 값이 J보다 큰 값들로 시작하는 것들만 추출한다. 즉, J 이후의 K로 시작하는 모든 COUNTRY 값들이 추출된다.

1.3.3 논리 연산자

연산 규칙에 의한 조건을 복수로 연결할 때 활용한다. &는 매크로에서 활용하고 있으므로 가급적 AND, OR 등과 같이 영문자를 사용하는 것이 좋다.

[표 1-28] 논리 연산자

논리연산자	&(AND), |(OR), ^(NOT)

```
IF AGE IN ('20대', '30대', '40대');
```

AGE 변수의 값들 중에서 20대, 30대, 40대 만의 데이터를 추출한다. 이 문장은 다음과 같이 적용 가능하다. 즉, OR 논리 연산의 경우는 IF AGE='20대' OR AGE='30대' OR AGE='40대';와 같이 정의한다.
반대로 NOTIN을 적용하여 IF AGE NOTIN ("10대","50대 이상");과 같이 적용한다.
IF AGE1 AND AGE2;는 AGE1 변수와 AGE2 변수 중에서 하나라도 결측치가 있으면 포함되지 않는다(단, 변수타입은 동일해야 한다).

1.3.4 기타 연산자

기타 다음과 같이 최대치, 최소치 비교를 자동적으로 수행하는 연산자가 있다. 복수 변수를 사용할 경우는 연속해서 기록하면 된다. 즉, w~z의 4개 변수 값 중에서 최소치를 찾는 경우는 w >< x >< y >< z와 같이 코딩한다.

[표 1-29] 기타 연산자

기타 연산자	〉〈 (MIN), 〈〉 (MAX), ‖ (Concatenation)

· >< (최소치)

IF KOR >< ENG >< MATH >< SOC < 60 THEN
PASS="FAIL";

각 4개 과목 중에서 1개 과목이라도 60점 미만인 경우 과락 처리하기 위한 코드이다.

· <> (최대치)

N_SCORE=KOR <> ENG <> MATH <> SOC;

각 4개 과목 중 고득점을 최종 점수로 하는 경우이다.

· || (병합)

PERIOD = YEAR||"/"||MONTH;

연도와 월 사이에 /를 첨가하여 "2005/07"과 같이 생성한다. 이 경우 문자인 경우 변수의 길이에 따라 공백이 포함되므로 공백을 제거하기 위해 다음과 같이 적용한다.

```
PERIOD = COMPRESS(YEAR||"/"||MONTH);
```

1.3.5 연산 순서

SAS의 각 연산자에 대한 연산 순서는 다음과 같다. 계산식 및 조건식을 작성할 때 다음의 순서를 고려하여 프로그램을 작성해야 한다.

[표 1-30] 연산자의 연산 순서

순위그룹	연산 순서	연산자		정의
그룹 0	안쪽 ⇨ 바깥쪽	( )		괄호
그룹 1	오른쪽 ⇨ 왼쪽	**		멱승
		+		+부호
		-		- 부호
		^	NOT	논리 부정
		><	MIN	최소
		<>	MAX	최대
그룹 2	왼쪽 ⇨ 오른쪽	*		곱셈
		/		나눗셈
그룹 3	왼쪽 ⇨ 오른쪽	+		덧셈
		-		뺄셈
그룹 4	왼쪽 ⇨ 오른쪽	||		문자 병합
그룹 5	왼쪽 ⇨ 오른쪽	=	EQ	일치
		^ =	NE	비 일치
		<	LT	작음
		<=	LE	작거나 같음
		>	GT	큼
		>=	GE	크거나 같음
			IN	포함
그룹 6	왼쪽 ⇨ 오른쪽	&	AND	논리곱
그룹 7	왼쪽 ⇨ 오른쪽	|	OR	논리합

1.4 데이터의 편집

SAS 데이터셋은 일반적으로 테이블의 형태로 구성된다. 즉,

데이터셋은 직사각형 모양을 가지게 된다. 데이터셋의 크기는 기본적으로 행(관찰치)의 수와 열(변수)의 수로 결정된다.

열(변수)은 크게 수치형, 문자형 두 종류의 데이터 형식을 가지며 혼합된 데이터 형식을 가지지 못하고 단 하나의 데이터 형식만으로 정의된다. 열(변수)의 데이터 형식이 문자형인 경우는 상대적으로 수치형인 것보다 많은 양의 저장 공간을 필요로 한다. 저장 공간을 많이 차지하면 할수록 데이터의 입출력에 많은 시간을 소요하게 된다. 따라서 대용량의 데이터 계산이라면 반드시 필요한 열(변수)만을 가려내어 정리하거나 가급적 코드 형태의 데이터로 구성하고 FORMAT을 활용하여 저장 공간을 축소시킬 필요가 있다.

데이터의 입출력 및 계산 시간을 절약하고 정확한 계산을 위해 데이터셋은 잘 정제하고 계산에 꼭 필요한 것들로 구성하는 것이 중요하다. 또한, 향후 재계산을 위해 유연하게 데이터셋의 구조를 설계할 필요성이 있다.

이 절에서는 데이터셋을 변환하고 정리하기 위한 기본적인 프로그램 작성법을 설명한다.

[표 1-31] 데이터셋 형태

	C1	C2	C3	…	Cp
OBS1					
OBS2					
OBS3					
:	:	:	:	…	:
OBSn					

1.4.1 열(변수)의 편집

열(변수)의 편집은 다음과 같은 3가지 작업을 수행하게 된다.

① 추출 : 필요한 열을 추출하여 데이터셋에 반영

② 삭제 : 불필요한 열을 데이터셋에서 제외

③ 갱신 : 해당하는 열을 갱신하거나 신규 변수로 대체

(1) 열의 추출

KEEP 문장은 데이터스텝의 내부에 적용하거나 데이터셋의 추출, 생성 시 직접 적용하는 2가지 방식이 있다.

♠ 데이터 처리 속도는 데이터셋에 직접 적용하는 것이 빠르다.

① 데이터 스텝의 Input 문장 또는 Set, Merge 문장의 뒤에 사용하며 변수명은 데이터 스텝에서 정의한 데이터셋에 포함시키고자 하는 변수명들이다.

[표 1-32] KEEP 문장의 활용 예제-1

```
DATA only_score;
   SET sorted_score;
   KEEP id score;
RUN;
```

♠ SET 문장은 지정한 데이터셋을 모두 읽을 때까지 반복적으로 한행 한행 읽어 정의한 데이터셋에 추가적으로 기록한다.

② 추출 또는 생성하고자 하는 데이터셋에서 사전적으로 정의할 수 있다. 추출할 때 정의하는 경우는 다음과 같다.

[표 1-33] KEEP 문장의 활용 예제-2

```
DATA only_score;
   SET sorted_score (KEEP=id score);
RUN;
```

♠ KEEP 문장은 데이터셋을 추출할 때 정의하는 것이 생성할 때 정의하는 것보다 빠르다.

데이터셋을 생성할 때 정의하는 경우이다.

[표 1-34] KEEP 문장의 활용 예제-3

```
DATA only_score (KEEP=id score);
   SET sorted_score;
RUN;
```

♠ 괄호가 삽입되며 KEEP 문장 다음에 "="이 반드시 포함된다.

PROC 스텝에서도 직접 KEEP 문장의 사용이 가능하다.

[표 1-35] KEEP 문장의 활용 예제-4

```
PROC MEANS
   DATA=sorted_score (KEEP=id score);
   VAR score;
RUN;
```

(2) 열 삭제

DROP 문장은 KEEP과는 반대로 선택된 열(변수)들을 데이터셋 추출 또는 생성할 때 제외시키는 명령문이다. 사용방법은 KEEP 문장과 같이 데이터 스텝에서 사용하는 경우와 데이터셋에 직접 사용하는 2가지 경우이다.

① 데이터 스텝의 Input 문장 또는 Set, Merge 문장의 뒤에 사용하며 변수명은 데이터 스텝에서 정의한 데이터셋에 제외시키고자 하는 변수명들이다.

[표 1-36] DROP 문장의 활용 예제-1

```
DATA only_score;
   SET sorted_score;
   DROP kor eng math soc;
RUN;
```

② 추출 또는 생성하고자 하는 데이터셋에서 사전적으로 정의할 수 있다. 추출할 때 정의하는 경우는 다음과 같다.

[표 1-37] DROP 문장의 활용 예제-2

```
DATA only_score;
   SET sorted_score (DROP=kor eng math soc);
RUN;
```

♠ 데이터셋을 추출할 때 정의하는 것이 생성할 때보다 빠르다.

(3) 갱신

특정한 열을 변경하는 경우 사용한다. RENAME 문장을 활용하여 "원 변수명= 변경하는 변수명"과 같이 정의한다. 다음은 score 변수를 "averaged_score"로 변경하는 예제이다.

[표 1-38] RENAME 문장의 활용 예제-1

```
DATA only_score;
   SET sorted_score;
   RENAME score=averaged_score;
   KEEP id averaged_score;
RUN;
```

다음과 같은 방법을 통해 해당 열(변수)의 값을 강제로 치환하는 것이 가능하다. 다음 예제는 계산된 평균 점수에 5점씩 가산하기 위한 코드이다.

[표 1-39] 열의 치환

```
DATA only_score;
   SET sorted_score;
   new_score=score+5;
   KEEP id new_score;
RUN;
```

1.4.2 행(관찰치)의 편집

행(관찰치)의 편집도 열(변수)의 편집과 마찬가지로 다음과 같은 3가지 작업을 수행하게 된다.

① 추출 : 필요한 행을 추출하여 데이터셋에 반영
② 삭제 : 불필요한 행을 데이터셋에서 제외
③ 갱신 : 해당하는 행을 갱신하거나 신규 변수로 대체

행에 대한 편집은 열과 같이 특정 열의 이름을 알 수 없으므로 특정한 조건에 부합하는 행을 찾기 위한 방법이 필요하다.

(1) 행 추출

평균 점수, score가 85점보다 큰 데이터를 추출하는 예제는 다음과 같다.

[표 1-40] IF 문장을 통한 85점 초과 데이터 추출

```
DATA high_score;
   SET sorted_score;
   IF score > 85;
   KEEP id new_score;
RUN;
```

WHERE 문장을 이용하여 다음과 같이 추출할 수 있다.

[표 1-41] WHERE 문장을 통한 85점 초과 데이터 추출 사례-1

```
DATA high_score;
   SET sorted_score;
   WHERE score > 85;
RUN;
```

데이터셋 내에 직접 WHERE 문장을 이용할 수 있다. 이 경우 조건식에 해당하는 부분은 반드시 괄호가 필요하다.

[표 1-42] WHERE 문장을 통한 85점 초과 데이터 추출 사례-2

```
PROC MEANS
   DATA=sorted_score (WHERE=(score>85));
   VAR score;
RUN;
```

♠ WHERE 문장은 데이터 스텝, PROC 스텝에서 사용 가능하다.

(2) 행 삭제

특정한 조건에 해당하는 행을 삭제하기 위해 행의 추출과 마찬가지로 "IF 문장", "WHERE 문장"이 활용된다. 만약 id가 3번인 관찰치만 제외시키는 경우는 다음과 같이 코딩한다. "NOTIN"은 우측 괄호 안에 포함된 숫자 또는 문자들을 제외시키는 경우 사용된다. 예를 들어,
country NOTIN ("JP","CN","FR","DE")

[표 1-43] 3번 학생 제외한 데이터 추출 예제-1

```
PROC MEANS
   DATA=sorted_score (WHERE=(id NOTIN (3)));
   VAR score;
RUN;
```

상기 예제는 다음과 같이 사용해도 동일하다.

[표 1-44] 3번 학생 제외한 데이터 추출 예제-2

```
PROC MEANS
   DATA=sorted_score (WHERE=(id ^=3));
   VAR score;
RUN;
```

♠ WHERE 문장의 좌우 괄호 개수를 주의하자.

상기 예제를 데이터스텝에서 사용하는 경우는 다음과 같다. 단, DELETE 문장은 데이터를 행 단위로 삭제하므로 OR 조건을 잘못 적용하면 모든 데이터가 삭제될 수 있다. 그러므로 복사본 데이터셋을 정의 후 적용하는 것이 좋다.

[표 1-45] 3번 학생의 데이터를 삭제

```
DATA updated_score;
   SET sorted_score;
   IF id=3 THEN DELETE;
RUN;
```

(3) 행 갱신

특정한 조건의 행을 갱신하는 경우는 데이터스텝에서 코드를 작성한다. 주로 조건문을 활용하여 행 데이터를 갱신한다. 데이터셋의 3번째 score 값을 찾아 다른 값으로 변경하는 경우는 다음과 같다.

[표 1-46] 3번째 행 데이터의 수치를 변경

```
DATA updated_score;
   SET sorted_score;
   IF _N_=3 THEN score=90;
RUN;
```

특정한 조건에 해당하는 경우도 마찬가지 방법으로 처리한다. “IN”은 “NOTIN”과는 반대로 우측 괄호 안의 값을 만족하는 데이터를 찾는다.

[표 1-47] 3번 학생의 점수를 변경

```
DATA updated_score;
   SET sorted_score;
   IF id IN (3) THEN score=90;
RUN;
```

특정 조건에 해당하는 행에 대해 표식(Flag)을 넣는 경우가 있다. 만약, 3번 학생에게 “출석 미달”을 표시하고 나머지는 “해당 없음”을 표시하려면 다음과 같이 코딩한다.
문자형 값으로 정의될 때 처음 입력되는 값의 길이에 준하여 길이가 자동 정의되어 문자가 잘리는 경우가 발생한다. 따라서 문자형 값을 지정할 때는 “LENGTH 문장”을 사용하여 넉넉하게 길이를 설정한다.

♠ LENGTH 뒤에 정의한 변수의 순서대로 데이터셋에 변수들이 정리되어 생성된다.

[표 1-48] 3번 학생의 상태(Flag)를 추가

```
DATA updated_score;
   LENGTH flag $10.;
   SET sorted_score;
   flag="해당 없음";
   IF id=3 THEN flag="출석 미달";
RUN;
```

(4) 조건 분기

데이터의 그룹에 따라 서로 다른 데이터 변환을 처리하기 위해 SELECT ~ WHEN 문장이 활용된다. 기본 활용 방법은 다음과 같다.

[표 1-49] SELECT ~ WHEN 문장

```
  SELECT (그룹변수);
      WHEN (값-1) DO;

                END;
      WHEN (값-2) DO;

                END;
      OTHERWISE  DO;

                END;
  end;
```

▶ region에 따라 가중치 변수(weight)의 값을 변경한다고 하자. "서울"이면 0.4를, "대전"이면 0.3을 부여하고 나머지 지역은 0.2를 부여해보자.

[표 1-50] SELECT ~ WHEN 예제

```
DATA k; SET Datalib.emp;
  SELECT (region);
     WHEN ("서울") DO;
                          weight = 0.4;
                      END;
     WHEN ("대전") DO;
                          weight = 0.3;
                      END;
     OTHERWISE     DO;
                          weight = 0.2;
                       END;
  end;
```

SELECT~WHEN 문장은 상기 예제와 같이 1개 신규 변수의 생성에 활용되기보다는 그룹 별로 다양한 형태의 서로 다른 데이터 변환이나 편집을 활용할 때 적용된다.

1.4.3 반복 수행

기본적으로 SAS는 데이터를 읽거나 처리할 때 데이터가 입력되어 있는 행 순서대로 자동 반복한다. 그러므로 순서대로 데이터를 처리하는 경우에는 인위적인 반복문장을 적용할 필요가 없다. 그러나 순차적인 순서와 다르게 데이터를 처리하거나 데이터가 없는 경우에는 반복문장의 도움이 필요하게 된다.

DO 문은 복수의 SAS 명령문들을 실행하거나 반복하고자 할 때 사용한다. DO 문장은 반드시 END 문장으로 종료 처리가 되어야 한다. DO 문은 조건에 따라 다음과 같이 4가지 종류의 사용방법이 있다.

① 단순 DO 문

② 반복 DO 문

③ DO WHILE(조건) : 조건이 참일 때 반복

④ DO UNTIL(조건) : 조건이 거짓일 때 반복

(1) 단순 DO 문

복수의 SAS 명령문을 실행하는 경우 사용한다. id가 3번인 학생에 대하여 score를 90점으로 처리하고 flag에 "출석 미달"이라고 입력하는 2가지 작업을 동시 수행하는 경우는 다음과 같이 단순 DO 문장으로 처리한다.

[표 1-51] 3번 학생의 점수 변경 및 상태 추가를 동시에 수행

```
DATA updated_score;
   LENGTH flag $10.;
   SET sorted_score;
   flag="해당 없음";
   IF id=3 THEN DO;
                  score=90;
                  flag="출석 미달";
              END;
RUN;
```

농업 및 어업 데이터로부터 농업은 중분류별로 추출하고 어업은 소분류별로 추출한다. 추출된 중분류와 소분류는 동일한 수준의 그룹 변수로 활용하고자 한다. 즉, 신규 그룹변수 CLS를 생성한다.

[표 1-52] 조건문들의 일괄 실행

```
DATA work.new_agri;
   LENGTH CLS $5.;
   SET work.agri;
   s1    = substr(id,8,1);
   SAN3 = substr(id,9,3);     *------중분류;
IF UPCASE(s1)="A" then DO; *------농업;
   if SAN3="011" then CLS="011";
   else if SAN3="012" then CLS="012";
   else if SAN3="013" then CLS="013";
   else if SAN3="014" then CLS="014";
   else if SAN3="020" then CLS="020";
END;
PROC MEANS N SUM VAR CV
   DATA=work.new_agri;
   CLASS CLS;
   VAR num sales;
RUN;
```

♠ DO와 END가 누락되면 어떤 결과가 발생하는지 실행해 보자.

(2) 반복 DO 문

반복 DO 문은 DO 문장 내에 특정 색인 변수를 정의하여 순차적으로 반복 수행하도록 한다. 다음 예제는 사인곡선을 작성하기 위한 코드이다. x 색인 변수를 0부터 0.1 간격씩 10까지 반복적으로 생성하여 y값을 각각 계산한다. 처리 절차는 다음과 같다.

[표 1-53] 사인곡선 작성 예제

```
DATA sine_curve;
   DO x=0 TO 10 BY .1;
       y=SIN(x);
       OUTPUT;
   END;
PROC GPLOT;
   PLOT y*x;
RUN;
```

(i) x=0에 할당하고 10보다 큰지 확인
(ii) y=sin(0) 계산
(iii) OUTPUT 문장에 의해 데이터 1줄 추가
(iv) END문에 의해 DO 문장으로 이동
(v) x=0+0.1에 할당하고 10보다 큰지 확인
(vi) (ii)~(v)를 10보다 클 때까지 반복

이 과정을 반복하면 색인 변수 x는 0, 0.1, 0.2, ..., 10.1까지 모두 102개의 데이터가 생성된다. OUTPUT 문장에 의해 저장되는 데이터는 x가 10까지이다.
OUTPUT 문장은 데이터셋에 데이터를 추가하기 위한 명령어이다. 즉, SAS의 기본적인 데이터 처리와 다르게 수행되는 경우 반드시 이 문장을 추가해야 한다.

♠ OUTPUT 문장을 제외하면 어떤 결과가 발생하는지 실행해 보자.

상기 DO 문의 움직임을 확인하기 위해 다음과 같이 PUT 문장을 활용한다.

[표 1-54] 사인곡선 작성 예제

```
DATA sine_curve;
   DO x=0 TO 10 BY .1;
       y=SIN(x);
       OUTPUT;
   PUT x y;     /* 저장되는 데이터의 움직임 */
   END;
   PUT x y;     /* Do 문의 최종 데이터 확인 */
PROC GPLOT;
   PLOT y*x;
RUN;
```

♠ DO 문장은 실수 간격에 대한 반복이 가능하다. 단, 매크로의 DO 문장은 정수 간격이다.

색인 변수가 문자인 경우는 겹 따옴표(")로 둘러싸고 각각의 증가는 콤마(,)로 구분하여 수행한다. 시작 값, 끝 값, 증분을 지정할 수 없다. 다음은 사인곡선과 코사인 곡선 데이터를 동시에 생성하는 예제이다.

[표 1-55] 사인, 코사인 곡선 작성 예제-반복 DO

```
DATA curve;
   DO type="SINE", "COS";
       DO x=0 TO 10 BY .1;
           y1=SIN(x); y2=COS(x);
           OUTPUT;
       END;
   END;
PROC GPLOT;
   PLOT (y1 y2)*x/overlay;
RUN;
```

성별에 따른 찬반 집계 결과를 SAS 프로그램으로 작성할 수 있다.

[표 1-56] 성별에 따른 찬반 투표 결과

성별 \ 찬반	찬성(1)	반대(2)
남자(M)	56 명	59 명
여자(F)	48 명	40 명

출처 : 이성희 등(2003), "WinSAS v8", pp.131-132, 교우사

이 데이터는 다음과 같은 응답시트로부터 1차 집계된 것이다. 총 203명의 각 응답자에 대하여 성별 및 찬반 의견을 기록한 것이다.

[표 1-57] 203명의 성별 및 찬반 투표 결과

응답자 번호	성별	찬반
1	M	1
2	F	1
3	M	2
:	:	:
203	F	2

데이터의 활용을 위해 응답자 개인의 번호는 무시하고 1차 집계하면 다음과 같은 표를 얻을 수 있다.

[표 1-58] 성별, 찬반에 따른 집계 결과

성별	찬반	응답자 수
M	1	56
M	2	59
F	1	48
F	2	40

집계된 결과는 집계 방법에 따라 2가지 방법으로 프로그램 할 수 있다. 상기 집계 결과에 대한 데이터셋 생성 프로그램은 다음과 같다. 성별과 찬반이 반복적으로 데이터에 포함된다.

[표 1-59] 성별에 따른 찬반 투표 결과 예제-1

집계 변환된 자료의 활용

```
DATA exam;
   INPUT sex $ vote y @;
   CARDS;
M 1 56 M 2 59 F 1 48 F 2 40
;
```

반복문을 통해 반복되는 데이터를 생성하도록 하는 프로그램이다. 즉, 성별과 찬반에 대한 Cross Table의 데이터 값만 입력되는 형태이다. 집계테이블의 데이터부부만 복사하여 그대로 데이터 부분에 삽입된 형태이다.

[표 1-60] 성별에 따른 찬반 투표 결과 예제-2

집계데이터를 그대로 적용

```
DATA exam;
   DO sex="M", "F";
      DO vote=1 TO 2;
         INPUT y @;
         OUTPUT;
      END;
   END;
CARDS;
56 59
48 40
;
```

집계된 테이블의 각 셀 비율 및 통계량을 계산하기 위한 프로그램은 다음과 같다. FREQ 프로시저가 적용되고, 집계된 데이터에는 응답자의 수가 포함되어 있으므로 각 셀은 응답자 수만큼의 가중치가 적용되어야 한다. WEIGHT 문장은 가중치를 적용할 때 사용한다. "all" 옵션은 테이블 관련한 가능한 통계량을 모두 출력한다.

[표 1-61] 성별에 따른 찬반 투표 결과 예제-3

각 셀의 비율을 계산하기 위한 프로그램

```
PROC FREQ DATA=exam;
      TABLES sex*vote/ALL;
      WEIGHT y;
RUN;
```

집계 테이블을 SAS 데이터셋으로 생성하기 위해 반복문은 다음과 같이 적용되었다.

① 행의 요소(성별)를 바깥 DO 문에 적용하였고
② 열의 요소(찬반)를 안쪽 DO 문에 적용하였다.

따라서 다음과 같은 3차원의 분류표를 활용한 데이터셋 생성도 이 원리를 적용하면 간단하게 프로그램 할 수 있다.

[표 1-62] 성별, 연령에 따른 찬반 투표 결과

찬반 / 성별	찬성(1)			반대(2)		
	20대	30대	40대	20대	30대	40대
남자(M)	13명	17명	26명	19명	26명	14명
여자(F)	18명	18명	12명	10명	19명	11명

출처 : 이성희 등(2003), “WinSAS v8”, pp.131-132, 교우사

기본적인 반복문 사용 원칙에 따라 다음과 같은 순서로 반복문을 작성한다.

① 행의 요소(성별)를 바깥 DO 문에 적용
② 열의 요소(찬반)를 안쪽 DO 문에 적용
③ 열의 최소 요소(연령대)를 가장 안쪽의 DO 문에 적용

이와 같이 적용된 프로그램은 다음과 같다.

[표 1-63] 3원 집계 테이블의 데이터셋 생성 프로그램 예제

집계데이터를 그대로 적용

```
DATA exam;
   DO sex="M", "F";
      DO vote=1 TO 2;
         DO age="20대","30대","40대";
            INPUT y @@; OUTPUT;
         END;
      END;
   END;
CARDS;
13 17 26 19 26 14 18 18 12 10 19 11
;
```

(3) DO WHILE 문

DO WHILE 문장은 WHILE에 기록된 조건식이 참일 때 실행된다. 상기 사인곡선과 코사인 곡선 데이터를 동시에 생성하는 예제는 다음과 같이 쓸 수 있다.

[표 1-64] 사인, 코사인 곡선 작성 예제-DO WHILE

```
DATA curve;
   DO type="SINE", "COS"
       x = 0
       DO WHILE(x <= 10);
           y1=SIN(x); y2=COS(x);
                  x+.1;
           OUTPUT;
       END;
   END;
RUN;
```

(4) DO UNTIL 문

DO UNTIL문장은 DO WHILE 문장과는 반대로 UNTIL에 기록된 조건이 거짓일 때 반복된다. 다만 DO~END문 안에 있는 프로그램을 모두 실행하고 조건을 체크하므로 최소한 1회는

강제적으로 실행된다. 상기 사인곡선과 코사인 곡선 데이터를 동시에 생성하는 예제는 다음과 같이 쓸 수 있다.

[표 1-65] 사인, 코사인 곡선 작성 예제-DO UNTIL

```
DATA curve;
   DO type="SINE", "COS";
       x = 0;
       DO UNTIL(x > 10);
           y1=SIN(x); y2=COS(x);
                  x+.1;
           OUTPUT;
       END;
   END;
RUN;
```

1.4.4 배열

배열은 말 그대로 복수 변수들에 대해 배열을 정의하는 기능을 한다. 배열은 동일한 형태의 변환을 수행하는 경우 자주 활용되는 문장이다. 배열이 정의되면 복잡하고 다양한 변수명 대신에 배열의 요소로 정의하여 적용된다. 배열명은 SAS에서 예약된 Keyword를 사용하면 문법오류, 논리오류가 발생할 수 있으므로 사용하지 않는 것이 좋다.

[표 1-8]의 성적 데이터(SCORE)를 이용하여 각 과목의 비율을 계산해 보자. 4개 과목을 다음과 같이 배열로 정의하여 각 과목의 비율을 계산한다.

[표 1-66] 배열을 활용한 각 과목의 비율 계산-1

```
DATA R_scroe (DROP=i);
   SET score;
   ARRAY X [*] kor eng math soc;
   ARRAY Y [*] rkor reng rmath rsoc;
   DO i=1 to DIM(x);
      Y[i]=100*X[i]/SUM(OF X[*]);
   END;
RUN;
```

배열의 정의는 ARRAY 문장을 활용한다. ARRAY 문장 뒤에 배열 변수를 적절히 지정하고 배열의 개수를 정의한다. 배열의 개수 정의는 소괄호(), 중괄호{}, 대괄호[] 중 어떤 것을 사용해도 무방하다. 배열의 개수를 1부터 숫자를 기록하거나 *를 이용한다. 즉, "ARRAY X[*] 변수명들;"과 같이 지정되면 변수들은 X[1], X[2], ...와 같이 사용된다. 물론, 원래 변수명의 사용도 당연히 가능하다.

♠ 2차원 이상의 배열 정의는 맨 좌측의 차원에 따라 행으로 구분하는 것이 좋다.

ARRAY 문장은 주로 RECODE에 자주 활용된다. 예를 들어 5점 척도로 이루어진 데이터의 코딩이 잘못되어 다음과 같이 RECODE해야 하는 경우 유용하게 활용된다.
긍정적인 응답에 대해 5점을 부정적인 응답에 1점으로 Recode하기 위해 모든 데이터 값을 6에서 빼주면 된다. 변수들이 매우 많은 경우에는 각각의 경우에 대해 변수명을 지정해야 하므로 수작업이 많이 소요될 수밖에 없다. 이 경우 배열을 활용하면 마치 하나의 대표변수만을 변화하는 것으로 원하는 결과를 쉽게 얻을 수 있다.

[표 1-67] 5점 척도 코딩

매우 만족	만 족	보 통	불만족	매우 불만족
1	2	3	4	5
⬇	⬇	⬇	⬇	⬇
5	4	3	2	1

[표 1-68] 배열을 활용한 RECODE

```
DATA R_csi (DROP=i);
   SET csi;
   ARRAY X [*] x12_1-x12_20;
   DO i=1 to dim(x);
      X[i]=6 - X[i];
   END;
RUN;
```

1.4.5 FORMAT

FORMAT 문장은 단순하게 데이터 값에 껍데기를 씌워 주는 기능을 한다. 즉, 원 데이터의 값은 변경되지 않는다. 반면 FORMAT은 변수값에 특정 이름을 부여하거나 일정한 구간으로 구분하는 등의 역할을 하여 코딩하거나 구간을 나누거나 합하는 작업 등의 다양한 RECODE를 매우 빠른 속도로 수행하는 장점이 있다. IF 문장 등을 적용하여 그룹을 나누는 등의 작업을 수행하지 않고 그룹에 의한 분석결과를 얻을 수 있게 된다. SAS에서는 매우 다양한 형태의 FORMAT을 가지고 있다. 마치 액셀의 셀 서식에서 제공하는 매우 다양한 "표시형식"과 같다.

(1) FORMAT 정의

SAS에서 FORMAT을 적용하기 위해 다음과 같이 FORMAT을 정의하는 과정이 필요하다. 포맷이름은 숫자형 변수에 적용하는 경우는 그대로 정의하고 문자형 변수에 적용하기 위해서는 포맷이름 뒤에 "$" 기호를 붙여야 한다.

[표 1-69] FORMAT 정의 방법

```
PROC FORMAT LIB=;
   VALUE 포맷이름
            범위1="범위1 설명"
            범위2="범위2 설명"
                    :
            범위n="범위n 설명";
RUN;
```

범위를 지정하는 방법은 단일 값을 지정하는 경우와 범위를 지정하는 경우로 나눈다. 단일 값이 문자인 경우는 ' '로 둘러싼다. 숫자인 경우는 숫자 그대로 지정한다.
범위의 경우는 범위 하한-범위 상한으로 범위를 지정한다. 범위 하한 < 값 ≤ 범위 상한과 같은 형태로 정의된다. 단일 값과 마찬가지로 범위가 문자인 경우는 ' '나 " "로 둘러싼다. 범위 값을 모두 포함한다.

단순 FORMAT은 다음과 같이 정의한다.

[표 1-70] FORMAT 정의 예제-단순 문자 FORMAT

```
PROC FORMAT LIB=work;
   VALUE id
            1="YT Park"
            2="SM Lee"
            3="KT Park"
            4="HJ Kwon"
            5="UJ Cho";
RUN;
```

FORMAT이 정의되면 LIB=에 정의된 라이브러리(WORK)에 "FORMATS"라는 카탈로그가 생성되고 그 안에는 정의한 포맷 이름 "id"라는 정보가 생성된다. 즉, 동일한 이름으로 FORMAT을 정의하면 덮어쓰기가 된다.

FORMAT은 데이터셋을 이용하여 정의할 수 있다. 따라서 코드에 대한 정보가 데이터셋으로 존재하는 경우 이를 활용하면 된다. 상기 FORMAT을 적용하기 위해 다음과 같이 데이터셋을 정의한다. 정의된 변수명들은 기본적으로 "FMTNAME", "START", "END", "LABEL"로 구성되어야 한다. 단, 범위 지정이 아닌 경우는 START 변수만 정의해도 무방하다.

FORMAT용 데이터가 생성되면 PROC FORMAT 옵션들 중에서 CNTLIN=과 CNTLOUT= 옵션을 활용하여 해당 FORMAT을 SAS 데이터셋으로 불러들이거나 저장하는 것이 가능하다.

[표 1-71] FORMAT 정의 예제-데이터셋 정의

```
DATA f;
INPUT  START LABEL $7.;
FMTNAME="id";
CARDS;
1 YT Park
2 SM Lee
3 MM Yang
4 HJ Kwon
5 KT Park
;
PROC FORMAT LIB=work.id CNTLIN=f;
RUN;
```

단순 FORMAT은 다음과 같이 정의한다. “90-95”는 90 < 값 ≤ 95가 되므로 95점이 A0에 속하게 된다. 따라서 범위의 상한을 제외할 필요가 있다. 이 경우 “90-<95”와 같이 <를 삽입하여 95점은 제외시킨다. 85-<90의 지정에 의해 “90-<95”는 90 이상 95미만에 대한 범위가 지정되어 90점은 “A0”가 된다. 반면, 85-90과 같이 “<”이 제외되면 다음 포맷이 정의되면 90점은 “B+”로 기록된다.

[표 1-72] FORMAT 정의 예제-단순 숫자 FORMAT

```
PROC FORMAT LIB=work;
   VALUE score
          95-high   = "A+"
          90-<95    = "A0"
          85-<90    = "B+"
          80-<85    = "B0"
          75-<80    = "C+"
          70-<75    = "C0"
          65-<70    = "D+"
          60-<65    = "D0"
          low-<60 = "F";
RUN;
```

(2) FORMAT 적용

정의된 FORMAT을 활용하거나 원 데이터를 생성할 때 정의되어 있는 데이터의 FORMAT을 데이터 스텝 및 PROC 스텝에서 변경 적용 가능하다. FORMAT 문장 뒤에 변수명을 입력하고 변수명 뒤에 FORMAT을 정의한다. 하나의 변수에 하나의 포맷을 정의할 수 있다. 즉, “FORMAT kor 3.1 score”의 문장은 오류가 발생한다. FORMAT 형식을 정의하였다면 FORMAT 형식 뒤에 반드시 마침표(.)를 입력해야 한다.

[표 1-73] FORMAT 적용

```
PROC MEANS DATA=score;
   FORMAT kor 3.1 score score.;
   VAR kor;
   CLASS score;
RUN;
```

저장한 FORMAT을 호출할 때에는 다음과 같이 OPTIONS 문장에서 FMTSEARCH를 사용한다. 괄호와 함께 포맷이 정의된 라이브러리를 지정한다.

[표 1-74] FORMAT 데이터 호출

```
OPTIONS FMTSEARCH=(work);
```

♠ FORMAT 적용된 데이터셋의 활용을 위해 FORMAT 저장하여 호출해야 한다.

(3) INPUT 문의 DATA 읽기 형식

INPUT 문장에서 지정한 각 변수들에 대하여 각각 데이터 FORMAT을 정의할 수 있다.

수치형 FORMAT

[표 1-75] 수치 데이터 FORMAT

형 식	설 명	자릿수	소수점	기본값
w.	일반 숫자를 읽을 때	1-32		
w.d	일반 숫자를 읽을 때		0-31	
BZw.	공백을 0으로 읽을 때	1-32	0-31	1
COMMAw.d	콤마가 있는 숫자를 읽을 때	2-32	0-31	1
Ew.	과학계산에 쓰이는 숫자를 읽을 때	7-32	0-31	12
HEXw.	수치 값이 16진수 일 때	1-16		8
IBw.d	Integer binary	1-8	0-10	4
MRBw.d	Microsoft real BASIC binary	2-8	0-10	4
PDw.d	Packed decimal	1-16	0-10	1
PIBw.d	Positive integer binary	1-8	0-10	1
PKw.d	Unsigned packed decimal	1-16	0-10	1
RBw.d	Real binary(floating point)	2-8	0-10	4
S370FIBw.d	IBM 370 integer binary	1-8	0-10	4
S370FPDw.d	IBM 370 packed decimal	1-16	0-10	1
S370FRBw.d	IBM 370 real binary	2-8	0-10	6
S370PIBw.d	IBM 370 positive integer binary	1-8	0-10	4
ZDw.d	Zoned decimal	1-16	0-10	1
ZDBw.d	Zoned decimal	1-32	0-10	1

· 문자형 FORMAT

[표 1-76] 문자 데이터 FORMAT

형 식	설 명	자릿수	기본값
$w.	standard character	1-200	1 or 길이
$CHARw.	characters with blanks	1-200	1 or 길이
$EBCDICw.	EBCDIC to ASCII	1-200	1
$HEXw.	character hexadecimal	1-200	2
$VARYINGw.	varying-length character VALUES	1-200	8 or 길이

· 날짜형 FORMAT

[표 1-77] 날짜 데이터 FORMAT

형 식	설 명	자릿수	기본값
DATEw.	ddMMMyy	7-32	7
DATETIMEw.	date-time values	13-40	18
DDMMYYw.	date values	6-32	8
JULIANw.	Julian dates	5-32	5
MMDDTYYw.	date values	6-32	8
MONYYw.	month and year	5-32	5
NENGOw.	Japanese dates	7-32	105
TIMEw.d	time values	5-32	8
YYMMDDw.	date values	6-32	8
YYQW.	year and quarter	4-32	4

1.4.6 LENGTH

LENGTH 문장은 변수의 기본적인 형식을 변수 정의 이전에 적용하기 위해 사용한다. 데이터셋 편집에서 생성되는 변수들을 정의한다. SAS에서는 문자형으로 정의되어 있어도 연산은 가능하다. 다만 문자열의 연산은 결측치를 생성시킨다. 따라서 데이터타입 및 길이를 사전에 명확히 지정해야 한다.

다음 예제는 문자형과 수치형으로 정의된 두 변수의 연산을 수행하는 경우이다. 연산된 변수(z)는 자동으로 수치형이 되지만 LENGTH 문장에서 문자형 3자리로 지정되어 문자형 변수가 된다.

[표 1-78] LENGTH 문장 활용 예제

```
DATA sample;
  LENGTH z $ 3.
  INPUT x $ y@@;
  z=x+y;
  k=SUBSTR(z,2,1);
CARDS;
3 45
M 50
;
```

LENGTH 문장은 데이터셋의 변수 위치를 재 정렬할 때에도 활용될 수 있다. SAS 데이터셋은 LENGTH 문장에 지정한 순서대로 변수들이 재 정렬된다.

1.4.7 RETAIN/OUTPUT

RETAIN 문장은 변수의 값을 한 번만 정의하여 모든 관측치에 적용한다. 일반적인 변수의 정의를 위해 "sum=0;"을 데이터 스텝에 적용하면 데이터의 개수만큼 반복적으로 sum 변수를 갱신, 정의하게 된다. 특정한 경우 데이터 스텝에서 변경된 변수의 값을 유지시킬 필요가 있다. RETAIN 문장은 이때 적용하는 문장이다. 특히 변수의 초기값을 지정할 때 주로 사용한다. 다음 예제는 성적(SCORE)의 누적값을 계산하여 SUM 변수에 넣는 프로그램이다.

[표 1-79] RETAIN 문장 활용 예제-1

```
DATA score;
   SET score;
   SUM=0;
   SUM=SUM+SCORE;
RUN;
```

SET 문장은 데이터를 한 줄 한 줄 읽으면서 정의한 데이터셋에 기록한다. 따라서 RETAIN 문장이 활용되지 않는 경우에는 데이터를 한 줄 읽으면서 SUM이 0으로 초기화가 되어 버리므로 누적값(SUM)은 성적(SCORE) 자기 자신이 되어 SUM값은 SCORE와 같은 결과가 계산된다.
SUM=0이 최초 한 번만 인식하도록 하기 위해 RETAIN 문장을 적용하면 원하는 바와 같이 누적값이 계산될 것이다.

[표 1-80] RETAIN 문장 활용 예제-2

```
DATA score;
   SET score;
   RETAIN SUM 0;
   SUM=SUM+SCORE;
RUN;
```

♠ SUM + SCORE는 SUM = SUM + SCORE 문장과 동치이다.

LAG 함수와 같이 1차 Lagging된 값을 구하는 경우 다음과 같이 RETAIN 문장과 OUTPUT문장을 동시에 활용하여 구현할 수 있다.

[표 1-81] RETAIN 문장과 OUTPUT 문장 활용 예제

```
DATA score;
   SET score;
   RETAIN LSCORE;
   OUTPUT;
   LSCORE=SCORE;
RUN;
```

OUTPUT 문장은 계산하거나 현재 읽고 있는 하나의 관찰치를 지정하는 데이터셋에 INSERT(또는 APPEND)하는 역할을 수행한다. 즉, 반복문을 수행하는 경우 OUTPUT 문장이 생략되면 마지막 1개의 관찰치만 데이터셋에 기록된다.
일반적인 데이터스텝에서 별도로 OUTPUT 문장을 지정하지 않으면 정의된 데이터셋에 관찰치를 자동으로 하나씩 하나씩 추가하게 된다.

다음 예제는 특정 조건에 의해 서로 다른 데이터셋에 데이터를 추가하기 위한 코드이다. OUTPUT 문장 뒤에 데이터셋 이름이 생략되면 정의된 두 데이터셋에는 동일한 데이터가 생성된다. 이 예제는 평균 성적(SCORE)이 90점 이상인 관찰치만을 추출하여 h_score라는 데이터셋을 생성하고 그 이외에 해당하는 관찰치들은 m_score라는 데이터셋을 생성한다.

[표 1-82] OUTPUT 문장 활용 예제

```
DATA h_score m_score;
   SET score;
   IF score>=90 then OUTPUT h_score;
   ELSE OUTPUT m_score;
RUN;
```

결측치를 처리하기 위한 방법으로 다음 예제를 고려해 보자. 결측치가 발생하기 이전의 데이터로 보정하는 경우이다. 즉, X1의 결측치 발생 이전 값인 1로 대체하고 이전 값인 4로 각각 대체한다.

[표 1-83] RETAIN 문장의 결측치 보정 데이터

변경 전		변경 후	
X1	X2	X1	X2
1	2	1	2
.	3	1	3
.	.	1	3
.	.	1	3
4	2	4	2
.	.	4	2
.	.	4	2

특정 변수(a1과 a2)에 초기값으로 X1의 1과 X2의 2를 대입하고 이 값을 유지토록하고 데이터를 한 줄씩 읽으면서 결측치가 발생하면 a1을 유지시키고 결측치가 아니면 a1에 X1 값을 새로 대입한다. 최종적으로 a1을 X1 변수로 이름을 변경한다. 이

름 변경 시에는 결측치가 포함된 X1, X2 변수들을 제거(DROP)하고 RENAME 문장으로 a1=X1 a2=X2로 각각 변경한다.

[표 1-84] RETAIN 문장의 결측치 보정 예제

```
DATA k;
  RETAIN a1 a2;
  INPUT x1 x2 @@;
  IF _N_=1 THEN DO; a1=x1; a2=x2; END;
  ELSE DO;
    IF x1=. THEN x1=a1;
    ELSE a1=x1;
    IF x2=. THEN x2=a2;
    ELSE a2=x2;
  END;
  DROP x1 x2;
  RENAME a1=x1 a2=x2;
CARDS;
1 2 . 3 . . . . 4 2 . . . .
;
RUN;
```

1.5 데이터셋 병합

데이터셋을 병합하는 의도에 따라 병합하는 방법은 모두 3가지가 있을 수 있다.

-SET : 상하로 데이터셋을 병합

-MERGE : 좌우로 데이터셋을 병합

-UPDATE : 데이터셋의 갱신

이 문장들은 데이터를 복사하는 경우에도 사용된다.

1.5.1 SET 문

SET 문장은 데이터셋을 위로 덧붙이는 역할을 수행한다. DATA 문장 뒤의 "신규 데이터셋"은 메모리에 빈 테이블로 정의된다. 정의된 이 빈 통에 SET 문장 뒤의 "데이터셋-1", "데이터셋-2"가 차곡차곡 순서대로 데이터가 쌓여 들어간다. 단, SET 문장 뒤에 정의된 데이터셋은 이미 생성된 SAS 데이터셋이다.

[표 1-85] SET문장 문법

```
DATA 신규 데이터셋;
   SET 데이터셋-1 데이터셋-2 ... ;
   [BY 변수명;]
   [자료변환 SAS 코드]
```

score 데이터를 다른 데이터셋으로 복사할 수 있다. DATA 문장 뒤에 신규 데이터셋을 여러 개 지정하면 지정한 수만큼 데이터셋이 복사되어 생성된다. 다음 코드는 score 데이터와 동일한 score1, score2의 2개 데이터셋을 생성한다.

[표 1-86] SET문장 예제-1 (복사)

```
DATA score1 score2;
   SET score;
RUN;
```

SET 문장(MERGE, UPDATE 문장도 동일)은 기존 데이터를 변환하는 경우에도 적용된다. 다음 코드는 score 데이터를 이용하여 id와 전체 성적(score 변수)만 kor 데이터셋으로 생성하는 경우이다.

[표 1-87] SET문장 예제-2 (편집)

```
DATA kor (KEEP=id score);
   SET score;
RUN;
```

score 데이터를 이용하여 다음과 같이 1명의 성적 데이터를 추가한다. 우선 1명의 데이터를 SAS 데이터셋으로 생성하고 기존 score 데이터에 다음과 같이 병합한다.

SET 문장 뒤에 나열된 순서대로 데이터가 생성된다. 즉, 다음 코드는 score 데이터의 4명에 score_1 데이터의 1명이 아래에 추가된다.
데이터셋이 결합될 때 변수명이 동일하다면 그대로 1명의 데이터가 추가되고 변수명이 서로 다른 경우는 공배수(합집합)의 형태로 데이터셋이 생성된다. 즉, SET을 하는 데이터셋에 변수가 없는 경우는 모두 결측값으로 처리된다. (x1 x2)의 데이터와 (x1 x3)의 데이터가 결합되면 (x1 x2 x3)의 데이터셋이 생성되고 없는 변수는 결측치로 추가된다.

[표 1-88] SET문장 예제-3 (추가)

```
DATA score_1;
   INPUT id kor eng math soc;
   score=mean(kor, eng, math, soc);
   DATALINES;
5 90 95 90 90
;

DATA add_score;
   SET score score_1 ;
RUN;
```

SET 문장은 데이터셋을 위 아래로 병합하기 때문에 기본적으로 변수의 수 및 변수명이 동일해야 한다. 만약 변수명이 다른 경우에는 모든 변수명이 생성되고 관찰치가 없는 경우는 모두 결측치로 표시된다. 즉, 합집합의 형태로 데이터 병합이 수행된다.
또한, 기준변수가 존재하여 기준변수에 대해 데이터셋을 끼워넣는 경우(Interleave)에는 BY 문장을 추가한다(BY 문장을 적용하기 위해서는 반드시 사전에 SORT 프로시저에 의해 정렬되어 있어야 한다).

[표 1-89] SET문장 예제-4 (끼워 넣기)

```
PROC SORT DATA=score; BY id;
PROC SORT DATA=score_1; BY id;

DATA add_score;
   SET score score_1 ;
   BY id;
RUN;
```

1.5.2 MERGE 문

MERGE 문장은 데이터셋을 좌우(컬럼)로 병합하는 기능이다. 사용 형식은 SET 문장과 동일하다.

[표 1-90] MERGE 문장 문법

```
DATA 신규 데이터셋;
   MERGE 데이터셋-1 데이터셋-2 ... ;
   [BY 변수명;]
   [자료변환 SAS 코드]
```

SET 문장과는 다르게 MERGE 문장은 관찰치의 개수가 동일해야 한다. 또한 관찰치의 위치가 동일해야만 좌우 데이터셋 병합이 올바르게 수행된다. 만약 관찰치의 개수가 다른 경우에는 SET 문장에서와 마찬가지로 합집합의 형태로 데이터를 병합한다. 즉, 가장 많은 관찰치가 있는 데이터셋을 기준으로 없는 관찰치들은 결측치로 표시된다. 동일한 변수가 존재하는 경우는 나중에 지정된 데이터셋의 값으로 덮어쓴다.
다음 표는 A와 B 데이터를 MERGE하는 경우이다.

[표 1-91] MERGE 문장 예제 데이터

A	B
x y	x y z
1 90 2 85	1 . A+ 3 90 A0 4 86 B+

단순 MERGE 문장을 적용하게 되면 각 데이터의 공통변수가 존재하므로 B 데이터로 덮어쓰게 된다. 즉, 결과로 생성되는 C 데이터는 B 데이터와 동일하게 된다.

[표 1-92] MERGE 문장 예제-1

코드	결과
DATA c; MERGE a b; RUN;	1 . A+ 3 90 A0 4 86 B+

MERGE 문장의 데이터셋을 반대로 기록하는 경우에는 마찬가지로 덮어쓰기가 수행된다. 밑줄 모양은 A 데이터이다.

[표 1-93] MERGE 문장 예제-2

코드	결과
DATA c; MERGE b a; RUN;	1 90 A+ 2 85 A0 4 86 B+

기준변수가 존재하는 경우에는 기준변수에 의해 관찰치들을 정리하여 데이터병합을 수행하게 된다. MERGE 문장 사용의 가장 일반적인 경우에 해당된다. 다음 예제는 x 변수를 기준변수로 정의하여 데이터를 병합하는 경우이다. 소위 outer Join의 결과이다.

[표 1-94] MERGE 문장 예제-3

코드	결과

DATA c;
  MERGE a b;
  BY x;
RUN;
	1 . A+
	2 85
	3 90 A0
	4 86 B+

기준변수가 존재하는 경우에는 MERGE 문장의 뒤의 데이터셋 A와 B가 서로 바뀌어도 동일한 결과를 출력한다.

만약 좌측에 정의한 데이터셋을 기준으로 병합하거나 반드시 일치하는 경우에만 데이터 병합을 수행하는 경우에는 Alias를 활용한다. 데이터셋 이름 뒤에 “(IN=t1)”과 같이 표현한다. 여기서, “t1”은 사용자가 편의상 지정하는 이름이다. Alias가 적용되면 조건문 등에서 데이터셋이름 대신 정의한 Alias를 사용한다.

다음 예제는 A 데이터셋을 기준으로 데이터를 병합하는 경우이다. 소위 Left Join이다. Right Join을 수행하기 위해서 데이터셋 A, B의 위치를 변경하거나 IF 조건에서 “IF t2”라고 정의하면 된다.

[표 1-95] MERGE 문장 예제-4

코드	결과

DATA c;
   MERGE a(in=t1) b(in=t2);
   BY x;
   IF t1;
RUN;
	1 . A+
	2 85

다음 예제는 A 데이터셋과 B 데이터셋이 모두 일치하는 기준으로 데이터를 병합하는 경우이다. 소위 inner Join이다.

[표 1-96] MERGE 문장 예제-5

코드	결과

DATA c;
   MERGE a(in=t1) b(in=t2);
   BY x;
   IF t1 and t2;
RUN;
	1 . A+

1.5.3 UPDATE 문

SET 문장과 MERGE이 뒤에 정의된 데이터셋을 그대로 덮어쓰기 때문에 데이터의 갱신에는 사용이 불가능하였다. 반면에 UPDATE 문장은 기준이 되는 변수에 대해 새로운 값으로 대체해 준다. 단, 대체될 값이 결측치인 경우에는 결측치가 아닌 값이 우선한다.

UPDATE 문장은 데이터 갱신을 위한 문장이므로 반드시 기준변수(공통변수)를 정의해야 한다. 즉, BY 문장을 반드시 추가해야 한다. 다음은 UPDATE 문장의 문법이다.

[표 1-97] UPDATE 문장 문법

```
DATA 신규 데이터셋;
   UPDATE 데이터셋-1 데이터셋-2 ... ;
   BY 변수명;
   [자료변환 SAS 코드]
```

결측치가 표시되었던 outer Join의 경우에는 다음과 같이 결측치 대신에 원래의 A 데이터의 값이 그대로 표시된다.

[표 1-98] UPDATE 문장 예제

코드	결과

DATA c;
   UPDATE a b;
   BY x;
RUN;
	1 90 A+
	2 85
	3 90 A0
	4 86 B+

Left Join의 경우와 Inner Join의 경우도 마찬가지로 결측치가 A 데이터셋의 90으로 대체되어 저장된다.

1.6 SAS 함수

SAS는 매우 다양하고 풍부한 함수를 제공하고 있다. 각 카테고리별 함수들을 설명한다. 다음과 같이 도움말에서 카테고리별 함수들을 참조할 수 있다.

[표 1-99] SAS 함수의 Help 호출

```
[목차 탭에서]
+ Help on SAS Software Products
 -----+ Base SAS Software
      ----+ Using Base SAS Software
            ----+ Working with the SAS Language
                 ----+ SAS Functions
```

1.6.1 통계에 관한 함수

[표 1–100] 통계 함수

함수명	설명	예제	결과
CSS	수정 제곱합	x1=css(5,9,3,6);	18.75
CV	변동계수	x1=cv(5,9,3,6);	43.47826087
KURTOSIS	첨도	x1=kurtosis(5,9,3,6);	0.928
MAX	최대값	x2=max(2.-3,1,-1);	2
MIN	최소값	x2=min(2,-3,1,-1);	-3
MEAN	평균값	x2=mean(1,2,3,2);	2

MISSING	결측치=1	data values;
		input @1 var1 3.
		@5 var2 3.;
		x= missing(var1);
		y= missing(var2);
		put "x=" x "y=" y;
		CARDS;
		127
		988 195
		;
			x=0 y=1
			x=0 y=0

N	Non Missing 개수	x1=n(1,0,.,2,5,.);	4
NMISS	Missing 값의 개수	x1=nmiss(1,0,.,2,5,.);	2
ORDINAL	지정 리스트 중 큰 수	x1=ordinal(4,1,2,3,-4,5,6,7);	3
RANGE	값의 범위	x1=range(-2,6,3);	8
SKEWNESS	왜도	x2=skewness(2,4,6,3,1);	0.590128656
STD	표준편차	x3=std(2,4,6,3,1);	1.923538406
STDERR	표준평균오차	x3=stderr(2,4,6,3,1);	0.860232527
SUM	합	x2=sum(4,9,3,8,.);	24
USS	제곱합	x2=uss(4,2,3.5,6,.);	68.25
VAR	분산	x1=var(4,2,3.5,6);	2.729166667

1.6.2 연산 (Arithmetic) 기능을 가진 함수

[표 1–101] 연산 함수

함수명	설명	예제	결과
ABS	절대값	x=abs(-3)	3
DIM	배열의 디멘전	Array X[*] x1-x10; p=dim(X);	10
HBOUND	배열의 상위 디멘전	h=HBOUND(X)	10
LBOUND	배열의 하위 디멘전	l=LBOUND(X)	1
MAX	최대값	mx=MAX(13, 3)	13
MIN	최소값	mn=MIN(13,3)	3
MOD	나머지 계산	x=mod(10,3)	1
SIGN	부호 또는 0	x=sign(10-7)	1
SQRT	제곱근	x=sqrt(25)	5

1.6.3 특수 기능 함수

[표 1-102] 특수기능 함수-1

함수명	설명	예제	결과
LAG<n>	이전줄의 값	data two; input x @@; z=lag(x); cards; 1 2 6 4 7 ;	. 1 2 6 4
DIF<n>	다음번 순서의 값과의 차	data two; input x @@; d=dif(x); cards; 1 2 6 4 7 ;	. 1 4 -2 3
INPUT	변수에 Informat을 적용	data testin; input sale $9.; fmtsale=input(sale,comma9.); cards; 2,115,353 ;	2115353

INPUTC	문자형 변수에 Informat 적용	proc format;
		 value typefmt 1='$groupx' 2='$groupy'
		           3='$groupz';
		 invalue $groupx 'positive'='agree'
		        'negative'='disagree'
		          'neutral'='notsure';
		run;
		data answers;
		   input type response $;
		   respinformat = put(type, typefmt.);
		   word = inputc(response, respinformat);
		datalines;
		1 positive
		;
			Type : 1
			Response : Positive
			Respinformat : $groupx
			word : agree

PUT	변수에 Format 적용	numdate=122591; chardate=put(numdate,z6.);	122591

[표 1-103] 특수기능 함수-2

함수명	설명	예제	결과

INPUTC	문자형 변수에 Informat 적용	proc format;
		value typefmt 1='$groupx'
		2='$groupy'
		3='$groupz';
		invalue $groupx 'positive'='agree'
		'negative'='disagree'
		'neutral'='notsure';
		run;
		data answers;
		input type response $;
		respinformat = put(type, typefmt.);
		word = inputc(response, respinformat);
		datalines;
		1 positive
		;
			Type : 1
			Response : Positive
			Respinformat : $groupx
			word : agree

INPUTN	숫자형 변수에 Informat 적용	proc format;
		value readdate 1='date7.'
		2='mmddyy8.';
		run;
		options yearcutoff=1920;
		data fixdates (drop=start dateinformat);
		length jobdesc $12;
		input source id lname $ jobdesc $ start $;
		dateinformat=put(source, readdate.);
		newdate = inputn(start, dateinformat);
		datalines;
		1 1604 Ziminski writer 09aug90
		;
			Jobdesc : writer
			Source : 1
			Id : 1604
			lname : Ziminski
			newdate : 11178

PUTC	문자형 변수에 Format 적용	proc format;
		value typefmt 1='$groupx'
		2='$groupy'
		3='$groupz';
		value $groupx 'positive'='agree'
		'negative'='disagree'
		'neutral'='notsure';
		run;
		data answers;
		input type response $;
		respfmt = put(type, typefmt.);
		word = inputc(response, respfmt);
		datalines;
		1 positive
		;
			Type : 1
			Response : Positive
			Respinformat : $groupx
			word : agree

PUTN	숫자형 변수에 Format 적용	proc format;
		value writfmt 1='date9.'
		2='mmddyy10.';
		run;
		data dates;
		input number key;
		datefmt=put(key,writfmt.);
		date=putn(number,datefmt);
		datalines;
		15756 1
		;
			Number : 15756
			Key : 1
			Datefmt : date9.
			date : 20FEB2003

1.6.4 수학적 연산함수

[표 1-104] 수학 함수

함수명	설명	예제	결과
AIRY	AIRY 함수값 생성	x=airy(2); x=airy(- 2);	0.03924 0.22741
DAIRY	AIRY 함수의 미분값 생성	x=dairy(2); x=dairy(- 2);	0.05309 0.61826
DIGAMMA	DIGAMMA 함수값 생성	x=digamma(1);	0.57722
ERF	(normal)오차 함수값 생성	y=erf(1); y=erf(-1);	0.84270 -0.84270
ERFC	(normal)오차 함수값 생성	y=erfc(1); y=erfc(-1);	0.15729 1.84270
EXP	지수함수값 생성	y=exp(1); y=exp(0);	2.71828 1.00000
GAMMA	GAMMA 함수값 생성	x=gamma(6);	120
IBESSEL	수정된(Modified) bessel 함수값 생성	x=ibessel(2,2,0); x=ibessel(2,2,1);	0.68895 0.09324
JBESSEL	bessel 함수값 생성	x=jbessel(2,2);	0.35283
LGAMMA	GAMMA 함수의 상용로그값 생성	x=lgamma(2); x=lgamma(1.5);	0.00000 -0.12087
LOG	자연로그값 생성	x=log(1); x=log(10);	0.00000 2.30259
LOG2	2진수 로그값 생성	x=log2(2); x=log2(.5);	1.00000 -1.00000

LOG10	상용로그값 생성	x=log10(1);
		x=log10(10);
		x=log10(100);
			0.00000
			1.00000
			2.00000

TRIGAMMA	TRIGAMMA 함수값 생성	x=trigamma(3);	0.39493

1.6.5 Truncation 함수

[표 1-105] Truncation 함수

함수명	설명	예제	결과
FLOOR	작거나 같은 가장 큰 정수	var2=-2.4; b=floor(var2);	-3
FUZZ	자리수 1E-12 내의 숫자에 대하여 가장 근접한 자연수	var1=5.9999999999999; x=fuzz(var1);	6.000000000000000
INT	정수값	var1=2.1; x=int(var1);	2
ROUND	정의된 자리수에서 반올림	var2=223.456; x=round(var2,.01);	223.46000

TRUNC	숫자값을 정의된 길이로 끝수를 자름	data test;
		length x1 5 x2 5;
		x1=1/5;
		y1=trunc(x1,3);
		x2=1/3;
		y2=trunc(x2,3);
		run;
			0.1999816895
			0.3333129883

1.6.6 변수변형에 관한 함수

[표 1–106] 변수 변형에 관한 함수

<table>
<tr><th>함수명</th><th>설명</th><th>예제</th><th>결과</th></tr>
<tr><td>COLLATE</td><td>ASCII 또는 EBCDIC의 문장으로 변경</td><td>y=COLLATE(226,233)</td><td>STUVWX
YZ'</td></tr>
<tr><td>COMPBL</td><td>문자 사이의 다중 공백 삭제</td><td>string='Hey   Diddle
Diddle';
 string=compbl(string);</td><td>Hey
Diddle
Diddle'</td></tr>
<tr><td>COMPRESS</td><td>특정 문자 삭제</td><td>x=COMPRESS('A B C')
y=COMPRESS('X=A*B+C','=*+')</td><td>ABC'</td></tr>
<tr><td>DEQUOTE</td><td>따옴표 삭제</td><td>x="A""B";   y=dequote(x);</td><td>A"B</td></tr>
<tr><td>INDEX</td><td>특정 문자의 소스 위치</td><td>y=INDEX('ABCDBA','BA')</td><td>5</td></tr>
<tr><td>INDEXC</td><td>특정 문자의 첫번째 위치</td><td>a='ABC.DEP (X2=Y1)';
x=indexc(a,'0123456789',';()=. ');</td><td>4</td></tr>
<tr><td>INDEXW</td><td>특정 문장의 소스 위치</td><td>x=indexw('asdf adog dog','dog');</td><td>11</td></tr>
<tr><td>LEFT</td><td>왼쪽 정렬</td><td>x=LEFT(' S P S')</td><td>S P S'</td></tr>
<tr><td>LENGTH</td><td>길이</td><td>y=LENGTH(' S P S')</td><td>7</td></tr>
<tr><td>LOWCASE</td><td>소문자</td><td>x=LOWCASE('ABCDE')</td><td>'abcde'</td></tr>
<tr><td>QUOTE</td><td>따옴표</td><td>x='A"B'; y=quote(x); =></td><td>A'B</td></tr>
<tr><td>RANK</td><td>ASCII 또는 EBCDIC 배열 문자의 위치</td><td>n=rank('A'); x=ASCI, y=EDCDIC</td><td>65193</td></tr>
<tr><td>REPEAT</td><td>문자 반복</td><td>y=REPEAT('*',5)</td><td>*****'</td></tr>
<tr><td>REVERSE</td><td>문자 역출력</td><td>y=REVERSE('ABCD')</td><td>DCBA'</td></tr>
<tr><td>RIGHT</td><td>오른쪽 정렬</td><td>y=RIGHT('SPS ')</td><td>' SPS'</td></tr>
<tr><td>SCAN</td><td>구분자에 의한 분리</td><td>y=SCAN('X=A*B+C'2,'AYZ')</td><td>'*B+C'</td></tr>
<tr><td>SUBSTR</td><td>위치와 길이를 이용 분리</td><td>x=SUBSTR('ABCDE',2,2)</td><td>'BC'</td></tr>
<tr><td>TRANSLATE</td><td>문자 변경</td><td>x=translate('XYZW','AB','VW') =></td><td>XYZB'</td></tr>
<tr><td>TRANWRD</td><td>단어 변경</td><td>name = "Mrs. Joan Smith"
name=tranwrd(name,   "Mrs",
"Ms");</td><td>Ms. Joan
Smith'</td></tr>
<tr><td>TRIM</td><td>끝부분 공백 제거</td><td>y=TRIM('ABCD ')</td><td>ABCD'</td></tr>
<tr><td>TRIMN</td><td>끝부분 공백 제거, 빈 문장 공백 제거</td><td>x="A"||trimn(" ")||"B";</td><td>AB</td></tr>
<tr><td>UPCASE</td><td>대문자</td><td>y=UPCASE('abcde')</td><td>'ABCDE'</td></tr>
<tr><td>BYTE</td><td>ASCII 또는 EBCDIC의 문자로 변경</td><td>x=byte(80)</td><td>P</td></tr>
<tr><td>VERIFY</td><td>지정 문자에 포함 되지 않은 첫번째 분자의 위치</td><td>y=VERIFY('01:12:00PM','0123456
789','')</td><td>9</td></tr>
</table>

1.6.7 날짜 및 시간에 관한 함수

[표 1-107] 날짜 및 시간에 관한 함수

함수명	설명	예제	결과
DATE	현재 날짜	y=DATE()	10313(01APR88)
DATEPART	SAS DATETIME 값에서 날짜	y=DATEPART(891509415)	10318(01APR88)
DATETIME	DATE와 TIME의 날짜	y=DATETIME()	891509415(01APR88:09:30:15)
DAY	SAS 날짜 변수값에서 날짜	y=DAY(10318)	1
DHMS	입력하는 SAS DATETIME 변수	y=DHMS(10318,09,30,15)	891509415(01APR88:09:30:15)
HMS	입력하는 SAS 시간변수	y=HMS(09,30,15)	34215(09:30:15)
HOUR	시간 분리	y=HOUR(34215)	9
INTCK	특정 기간부터 특정 기간까지의 기간	y=INTCK('WEEK',10300,10318)	2
INTNX	특정 기간부터 주어진 숫자의 기간만큼 새로운 기간	y=INTNX(10318)	88092(01APR88)
MDY	입력하고 SAS date 변수		
MINUTE	분 분리	y=MINUTE(34215)	30
MONTH	달 분리	y=MONTH(10318)	4
QTR	분기 분리	y=QTR(10318)	2
SECOND	초 분리	y=SECOND(891509415)	15
TIME	현재 시간	y=TIME()	34215(09:30:15)
TIMEPART	SAS DATETIME에서 시간	y=TIMEPART(891509415)	34215(09:30:15)
TODAY	오늘 날짜	y=TODAY()	10313(01APR88)
WEEKDAY	요일 번호	y=WEEKDAY(10318)	6(FRIDAY)
YEAR	년도 분리	y=YEAR(10318)	1988
YYQ	년, 분기를 입력하는 SAS 날짜 변수	y=YYQ(1988,2)	10318(01APR88)
DATEJUL	Julian 날짜	y=JULDATE(10318)	88092(01APR88)
JULDATE	Julian 날짜로 변환	y=JULDATE(10318)	88092(01APR88)

YRDIF	두기간 사이의 년 차	data _null_;
		sdate='16oct1998'd;
		edate='16feb2003'd;
		yactact=yrdif(sdate, edate, 'ACT/ACT');
		run;
			4.336986301

DATDIF	두기간 사이 날짜 차	data _null;
		sdate='16oct78'd;
		edate='16feb96'd;
		days360=datdif(sdate, edate, '30/360');
		run;
			6240

1.6.8 확률 함수

[표 1-108] 확률 함수-1

<table>
<tr><th>함수명</th><th>설명</th><th>예제</th><th>결과</th></tr>
<tr><td>Bernoulli</td><td>Bernoulli</td><td>'BERNOULLI'</td><td></td></tr>
<tr><td>Beta</td><td>Beta</td><td>'BETA'</td><td></td></tr>
<tr><td>Binomial</td><td>Binomial</td><td>'BINOMIAL'</td><td></td></tr>
<tr><td>Cauchy</td><td>Cauchy</td><td>'CAUCHY'</td><td></td></tr>
<tr><td>Chi-squared</td><td>Chi-squared</td><td>'CHISQUARED'</td><td></td></tr>
<tr><td>Exponential</td><td>Exponential</td><td>'EXPONENTIAL'</td><td></td></tr>
<tr><td>F</td><td>F</td><td>'F'</td><td></td></tr>
<tr><td>Gamma</td><td>Gamma</td><td>'GAMMA'</td><td></td></tr>
<tr><td>Geometric</td><td>Geometric</td><td>'GEOMETRIC'</td><td></td></tr>
<tr><td>Hypergeometric</td><td>Hypergeometric</td><td>'HYPERGEOMETRIC'</td><td></td></tr>
<tr><td>Laplace</td><td>Laplace</td><td>'LAPLACE'</td><td></td></tr>
<tr><td>Logistic</td><td>Logistic</td><td>'LOGISTIC'</td><td></td></tr>
<tr><td>Lognormal</td><td>Lognormal</td><td>'LOGNORMAL'</td><td></td></tr>
<tr><td>Negative binomial</td><td>Negative binomial</td><td>'NEGBINOMIAL'</td><td></td></tr>
<tr><td>Normal</td><td>Normal</td><td>'NORMAL'|'GAUSS'</td><td></td></tr>
<tr><td>Pareto</td><td>Pareto</td><td>'PARETO'</td><td></td></tr>
<tr><td>Poisson</td><td>Poisson</td><td>'POISSON'</td><td></td></tr>
<tr><td>T</td><td>T</td><td>'T'</td><td></td></tr>
<tr><td>Uniform</td><td>균일 분포값</td><td>'UNIFORM'</td><td></td></tr>
<tr><td>Wald</td><td>Wald 분포값</td><td>'WALD'|'IGAUSS'</td><td></td></tr>
<tr><td>Weibull</td><td>와이블 분포값</td><td>'WEIBULL'</td><td></td></tr>
<tr><td>POISSON</td><td>포아송분포값</td><td>p=poisson(1,2);</td><td>0.9197</td></tr>
<tr><td>PROBBETA</td><td>베타분포값</td><td>p=probbeta(.2,3,4);</td><td>0.09888</td></tr>
<tr><td>PROBBNML</td><td>이변량 정규분포값</td><td>p=probbnml(0.5,10,4);</td><td>0.37695</td></tr>
<tr><td>PROBCHI</td><td>카이제곱 분포값</td><td>p=probchi(11.264,11);</td><td>0.57858</td></tr>
<tr><td>PROBF</td><td>F-분포값 계산</td><td>p=probf(3.32,2,3);</td><td>0.82639</td></tr>
<tr><td>PROBGAM</td><td>감마분포값</td><td>p=probgam(1,3);</td><td>0.0803</td></tr>
<tr><td>PROBHYPR</td><td>초기하 분포값</td><td>p=probhypr(200,50,10,2);</td><td>0.52367</td></tr>
<tr><td>PROBMC</td><td>다중평균비교를 위한 다양한 분포로부터 확률 및 분위수 계산</td><td>data probs;
array par{5}; par{1}=.5;
par{2}=.51; par{3}=.55;
par{4}=.45; par{5}=.2;
df=40;
q=1;
do;
test="dunnett1","dunnett2",
"maxmod";
prob=probmc(test, q, ., df,
5, of par1-par5);
put test $10. df q e18.13
prob e18.13;
end;
run;</td><td>DUNNETT1 40
1.00000000000E+
00
4.82992188740E-
01
DUNNETT2 40
1.00000000000E+
00
1.64023099613E-
01
MAXMOD 40
1.00000000000E+
00
8.02784203408E-
01</td></tr>
</table>

[표 1-109] 확률 함수-2

함수명	설명	예제	결과
CDF	누적 밀도함수	y=cdf('T',.9,5);	0.79531
LOGPDF	확률밀도함수	y=logpdf('T',.9,5);	-1.41905
LOGSDF	생존함수의 로그값	y=logsdf('T',.9,5);	-1.58628
PDF|PMF	확률밀도함수 계산	y=pdf('T',.9,5);	0.24194
PROBNEGB	음이항 분포값	p=probnegb(.5,2,1);	0.5
PROBBNRM	이변량정규 분포값	p=probbnrm(.5, .2,.3);	0.442956683
PROBNORM	표준정규 분포값	p=probnorm(1.96);	0.975
PROBT	t-분포값	x=probt(.9,5);	0.79531
SDF	생존함수 계산	y=sdf('T',.9,5);	0.20469
BETAINV	베타 분포의 분위수	x=betainv(.001,2,4);	0.0101
CINV	카이제곱 분포의 분위수	q1=cinv(.95,3); q2=cinv(.95,3.5,4.5);	7.81473 17.50458
FINV	F-분포의 분위수	q1=finv(.95,2,10); q2=finv(.95,2,10.3,2);	4.1028 7.5838
GAMINV	감마 분포의 분위수	x=gaminv(.5,9); x=gaminv(.1,2.1);	8.66895 0.58419
PROBIT	표준정규분포의 분위수	x=probit(.025); x=probit(1.e-7);	-1.95996 -5.19934
TINV	T-분포의 분위수	x=tinv(.95,2); x=tinv(.95,2.5,3);	2.91999 11.03383

1.6.9 난수 생성 함수

[표 1-110] 난수 생성 함수-1

함수명	설명	예제	결과

NORMAL	정규분포로부터 난수 발생	data normal;
		do i=1 to 3;
		x=normal(2713); output;
		end;
		run;
			0.39116
			-0.00746
			-0.90662

RANBIN	이변량 분포로부터 난수 발생	data ranbin;
		do i=1 to 3;
		x=ranbin(132, 21, 0.3);
		output;
		end;
		run;
			6
			3
			8

RANCAU	Cauchy 분포로부터 난수 발생	data rancau;
		alpha=.2; beta=.3;
		x=alpha+beta*rancau(1927);
		run;
			0.366409406

RAND	특정 분포로부터 난수 발생	y=rand('normal', 0.3, 3);	1.330976816

RANEXP	지수분포로부터 난수 발생	data ranexp;
		lambda=.2;
		x=ranexp(3378)/lambda;
		run;
			1.093511772

RANGAM	Gamma 분포로부터 난수 발생	x=2*rangam(333,.3);	0.000021064

[표 1-111] 난수 생성 함수-2

함수명	설명	예제	결과

RANNOR	정규 분포로부터 난수 발생	data rannor;
		do i=1 to 3;
		x=rannor(28349); output;
		end;
		run;
			1.12432
			-0.34780
			1.11481

RANPOI	Poisson 분포로부터 난수 발생	x=ranpoi(337, 6.9949);	6

RANTBL	tabled 확률분포로부터 난수 발생	data rantbl;
		do i=1 to 3;
		x=rantbl(2930, .6, .5, .4,.2, .6, .9);output;
		end;
		run;
			2
			1
			1

RANTRI	Triangular분포로부터 난수 발생	x=(3-.5)*rantri(542,(2-.5)/(3-.5))+.5;	1.467689601

RANUNI	균일분포로부터 난수 발생	data ranuni;
		do i=1 to 3;
		x=ranuni(3837); output;
		end;
		run;
			0.70138
			0.23040
			0.12586

UNIFORM	균일분포로부터 난수 발생	data uniform;
		do i=1 to 3;
		x=uniform(8374); output;
		end;
		run;
			0.87656
			0.52290
			0.12874

1.6.10 삼각함수

[표 1-112] 삼각함수

함수명	설명	예제	결과
ARCOS	arccosine 값	x=arcos(-0.5);	2.094395102
ARSIN	arcsine 값	x=arsin(1);	1.570796327
ATAN	arctangent 값	x=atan(1);	0.785398163
COS	cosine 값	x=cos(3.14159/3);	0.500000766
COSH	hyperbolic cosine 값	x=cosh(-5.0);	74.20994853
SIN	sine 값	x=sin(3.14159/4);	0.707106312
SINH	hyperbolic sine 값	x=sinh(-1.0);	-1.175201194
TAN	tangent 값	x=tan(3.14159/3);	1.73204727
TANH	hyperbolic tangent 값	x=tanh(0.5);	0.462117157

1.6.11 변수 (Variable) 관련 함수

[표 1-113] 변수 관련 함수 -1

함수명	설명	예제	결과
GETVARC	DATASET의 특정 문자 변수의 값	data a; input x $3@@; cards; CAR TOY ROB run; %let mydataid=%sysfunc(open(A,i)) ; %let rc=%sysfunc(fetchobs(&mydataid,1)); %let m=%sysfunc(getvarc(&mydataid, %sysfunc(varnum(&mydataid,x)))); %let rc=%sysfunc(close(&mydataid)); m=getvarc(dsid,varnum(dsid,'x'))	CAR
GETVARN	DATASET의 특정 숫자 변수의 값	data a; input x @@; cards; format x best6.; informat x best6.; label x='Numb'; 11 22 33 run; %let mydataid=%sysfunc(open(A,i)) ; %let rc=%sysfunc(fetchobs(&mydataid,1)); %let m=%sysfunc(getvarn(&mydataid, %sysfunc(varnum(&mydataid,x)))); %let rc=%sysfunc(close(&mydataid)); m=getvarN(dsid,varnum(dsid,'x'))	11
VARFMT	DATASET의 변수 Format	%let m=%sysfunc(varfmt(&mydataid, 1);	BEST6
VARINFMT	DATASET의 변수 Informat	%let m=%sysfunc(varifmt(&mydataid, 1);	BEST6
VARLABEL	DATASET의 변수 Label	%let m=%sysfunc(varlabel(&mydataid, 1);	Numb
VARLEN	DATASET의 변수 길이	%let m=%sysfunc(varlen(&mydataid, 1);	6
VARNAME	DATASET의 변수 명	%let m=%sysfunc(varname(&mydataid, 1);	x
VARTYPE	DATASET의 Type	%let m=%sysfunc(vartype(&mydataid, 1);	N
VARNUM	DATASET의 변수 순서 번호	%let m=%sysfunc(varnum(&mydataid, 1);	1
VARRAY	Array 이름 정의 여부	array x(3) x1-x3; y=varray(x);	1
VARRAYX	Array 수직 정의 여부	array x(3) x1-x3; array vx(4) $6 vx1 vx2 vx3 vx4 ('x' 'x1' 'x2' 'x3');y=varrayx(vx(1));	1
VFORMAT	변수 Format	array x(3) x1-x3; format x1 best6.; y=vformat(x(1));	BEST6.

[표 1-114] 변수 관련 함수 -2

함수명	설명	예제	결과
VFORMATD	변수 Format 소수	array x(3) x1-x3; format x1 comma8.2; y=vformatd(x(1));	2
VFORMATDX	수식 Format 소수	array x(3) x1-x3; format x1 comma8.2; array vx(3) $6 vx1 vx2 vx3 ('x1' 'x2' 'x3'); y=vformatdx(vx(1));	2
VFORMATN	변수 Format 이름	array x(3) x1-x3; format x1 best6.; y=vformatn(x(1));	BEST
VFORMATNX	수식 Format 이름	array x(3) x1-x3; format x1 best6.; array vx(3) $6 vx1 vx2 vx3 ('x1' 'x2' 'x3'); y=vformatnx(vx(1));	BEST
VFORMATW	변수 Format 길이	array x(3) x1-x3; format x1 best6.; y=vformatw(x(1));	6
VFORMATWX	수식 Format 길이	array x(3) x1-x3; format x1 best6.; array vx(3) $6 vx1 vx2 vx3 ('x1' 'x2' 'x3'); y=vformatwx(vx(1));	6
VFORMATX	수식 Format 명(소수점 이하)	array x(3) x1-x3; format x1 best6.; format x2 20.10; array vx(3) $6 vx1 vx2 vx3 ('x1' 'x2' 'x3'); y=vformatx(vx(1));	BEST6.
VINARRAY	변수 존재 여부	array x(3) x1-x3; Z=vinarray(x1);	1

VINARRAYX	수식 존재 여부	array x(3) x1-x3;
		array vx(4) $6 vx1 vx2 vx3 vx4
		('x' 'x1' 'x2' 'x3');
		y=vinarrayx(vx(1));
			0

VINFORMAT	변수 Informat	informat x $char6.; input x; y=vinformat(x);	$CHAR6.
VINFORMATD	변수 Format 소수	informat x comma8.2; input x; y=vinformatd(x);	2

VINFORMATDX	수식 Format 소수	array x(3) x1-x3; informat x1 comma8.2;
		array vx(3) $6 vx1 vx2 vx3
		('x1' 'x2' 'x3');
		y=vinformatdx(vx(1));
			2

VINFORMATN	변수 Format 이름	array x(3) x1-x3; informat x1 best6.; y=vinformatn(x(1));	BEST
VINFORMATNX	인포맷명 확인	array x(3) x1-x3; informat x1 best6.; array vx(3) $6 vx1 vx2 vx3 ('x1' 'x2' 'x3'); y=vinformatnx(vx(1));	BEST
VINFORMATW	변수의 informat 길이	array x(3) x1-x3; informat x1 best6.; y=vinformatw(x(1));	6
VINFORMATWX	수식의 informat 길이	array x(3) x1-x3; informat x1 best6.; array vx(3) $6 vx1 vx2 vx3 ('x1' 'x2' 'x3'); y=vinformatwx(vx(1));	6
VINFORMATX	변수의 informat 명	array x(3) x1-x3; informat x1 best6.; informat x2 20.10; array vx(3) $6 vx1 vx2 vx3 ('x1' 'x2' 'x3'); y=vinformatx(vx(1));	BEST6.

[표 1-115] 변수 관련 함수 -3

함수명	설명	예제	결과
VLABEL	변수의 Label 정보	array x(3) x1-x3;label x1='Test1'; y=vlabel(x(1));	Test1
VLABELX	수식의 Label 정보	array x(3) x1-x3;array vx(3) $6 vx1 vx2 vx3 ('x1' 'x2' 'x3'); label x1='Test1'; y=vlabelx(vx(1));	Test1
VLENGTH	변수의 길이	length x $8; x='abc'; y=vlength(x);	8
VLENGTHX	수식의 길이	length x1 $8; x1='abc'; array vx(3) $6 vx1 vx2 vx3 ('x1' 'x2' 'x3'); y=vlengthx(vx(1));	8
VNAME	변수의 이름	array x(3) x1-x3; y=vname(x(1));	x1
VNAMEX	수식의 이름	array x(3) x1-x3; array vx(3) $6 vx1 vx2 vx3 ('x1' 'x2' 'x3'); y=vnamex(vx(1));	x1
VTYPE	변수의 Type	array x(3) x1-x3;y=vtype(x(1));	N
VTYPEX	수식의 Type	array x(3) x1-x3; array vx(3) $6 vx1 vx2 vx3 ('x1' 'x2' 'x3'); y=vtypex(vx(1));	N

chapter 02

SQL 프로그래밍

2.1 SQL 일반

SQL은 테이블과 뷰테이블에 관련된 정보들을 추출하고 갱신하는데 광범위하게 사용되는 표준화된 Query 언어이다. 초기에는 관계형 Database를 위한 Query 제품으로 설계되었지만 현재는 많은 제품들에 넓게 유용하게 사용되고 있다.

2.1.1 SQL 프로시저 소개

(1) SAS의 SQL

SQL 프로시저는 SAS 시스템에서 SQL을 사용 가능하게 해주는 프로시저 중의 하나이다. SAS 제품의 BASE 제품군에 속해 있으며, 데이터셋, 뷰테이블, 인덱스 생성, 데이터 정렬, 데이터 요약 등, 일련의 데이터 작업을 수행한다.
다음 그림은 SQL 프로시저가 SAS 데이터셋뿐만 아니라 다양한 데이터들(DB 등)을 INPUT으로 하여 편집 및 요약을 통해 여러 가지 형식의 OUTPUT을 생성하는 역할을 잘 나타내고 있다.

[표 2-1] SQL 프로시저 역할

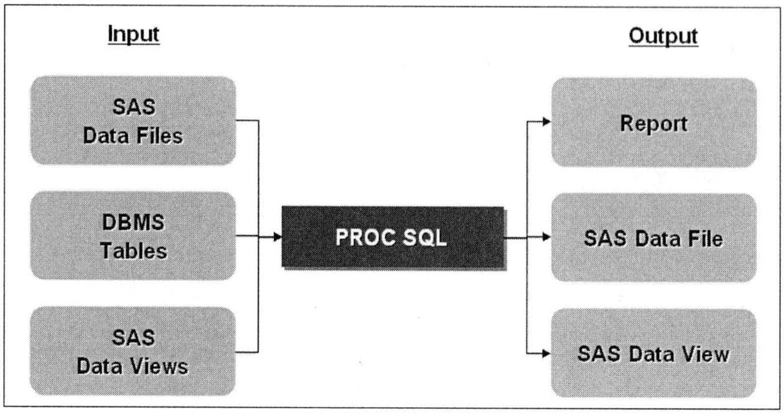

(2) SQL 프로시저 역할

SQL 프로시저는 SAS에서 SQL을 통해 데이터를 추출하고, SAS에서 제공하는 다양한 함수를 통하여 데이터를 쉽고 빠르게 편집 가능하도록 도와주는 역할을 한다.

SQL 프로시저의 역할은 다음과 같다.

① SAS 데이터셋을 포함한 데이터들을 통하여 Query를 실행
② 여러 방법으로 SAS 데이터들을 결합
③ SAS 데이터, View, Index 들의 생성 및 삭제
④ 존재하는 SAS 데이터들의 갱신
⑤ 데이터 정렬 및 데이터 Summary

2.1.2 용어 비교

다음 표는 데이터 처리, SAS 데이터 스텝, SQL 프로시저 간에서 동일한 항목에 대해서 다른 이름으로 처리, 언급되고 있는 것을 요약한 것이다.

[표 2-2] SQL 프로시저 용어 비교

Data 처리	SAS 데이터 스텝	SQL 프로시저
File	SAS Data Set	Table
Record	Observation	Row
Field	Variable	Column

※ Sample 데이터

SQL 프로그래밍과 매크로 프로그래밍에 적용될 데이터는 다음과 같다. 어느 기업 인사정보의 일부이다. 각 사원의 기본 인적 정보 및 급여 정보이다.

· Emp

[표 2-3] Emp 데이터 레이아웃

Column	Type	Length	Description
Emp_id	Char	20	사원번호 (입사일+부서+일련번호)
gender	Char	2	성별 (M / F)
age	Num	8	연령
region	Char	10	출신지 (서울 / ...)
grade	Char	2	직위코드 (grade table)
salary	Num	8	연봉
hobby	Char	10	취미 (바둑 / ...)

· Grade

Emp 데이터와 grade를 key로 하여 join 할 경우 적용

[표 2-4] grade 데이터 레이아웃

Column	Type	Length	Description
grade	Char	2	직위코드
grade_nm	Char	10	직위코드 설명

· Varlist

매크로 반복문에서 해당 변수 목록을 가져올 경우 적용

[표 2-5] varlist 데이터 레이아웃

Column	Type	Length	Description
name	Char	10	변수명

· Sample 데이터 생성 프로그램

```
LIBNAME datalib 'd:\mysas';

DATA datalib.emp;
   LENGTH emp_id $20. gender $2. region $10. grade $2. hobby $10.;
   INPUT emp_id $ Gender $ Age Region $ Grade $ Salary hobby $;
CARDS;
19930501-S-06 M 42 서울 1 5500 스포츠
19930809-S-09 M 41 인천 1 5300 낚시
19940826-S-12 F 39 서울 2 5300 독서
19970104-S-19 M 36 강릉 3 4800 영화
19980303-S-22 F 34 대전 3 4500 영화
20000721-S-37 M 30 서울 4 3500 음악
20031101-S-45 M 28 부산 5 2700 독서
20050311-S-99 F 26 대구 9 2000 낚시
19970302-C-15 F 35 서울 2 5500 음악
19970609-C-18 M 35 광주 2 5000 바둑
19990901-C-25 M 33 부산 3 3900 바둑
20010408-C-33 F 31 서울 4 3500 영화
20021215-C-55 M 29 부산 5 2900 스포츠
20040809-C-77 M 28 대전 8 2300 스포츠
;

DATA datalib.grade;
   LENGTH grade $2. grade_nm $10.;
   INPUT grade $ grade_nm $ @@;
CARDS;
1 이사 2 부장 3 실장 4 차장 5 팀장 6 과장 7 대리 8 주임 9 사원
;

DATA datalib.varlist;
   LENGTH name $10.;
   INPUT name $ @@;
CARDS;
GENDER REGION GRADE HOBBY
;
RUN; QUIT;
```

2.2 Basic Query

데이터 추출 Query는 SELECT 구문을 통하여 데이터의 column과 row를 선택하고 데이터를 보여주고 데이터의 정렬 및 Summary를 수행한다.

2.2.1 PROC SQL의 특징

PROC SQL의 특징은 다음과 같다.

① PROC SQL의 구문을 매번 Query 할 때마다 반복하여 사용할 필요가 없다. (;)을 통하여 Query를 구분하여 사용하면 PROC SQL 구문을 반복하지 않아도 무관하다.
② Query 결과를 보기 위해서 PROC PRINT 스텝을 사용할 필요가 없다.
③ Query 결과를 정렬하기 위해서 PROC SORT 스텝을 사용할 필요가 없다.
④ RUN 구문이 필요하지 않다.
⑤ PROC SQL을 종료하기 위해서는 QUIT; 문을 사용한다.

2.2.2 PROC SQL 구문 구조

SQL 프로시저의 기본 문법 구조는 다음과 같다.

[표 2-6] SQL 프로시저 구문 구조

```
PROC SQL;
SELECT column-1<, column-2>...
       FROM table-1|view-1<, table-2|view-2>...
       <WHERE expression>
       <GROUP BY column-1<, column-2>…>
       <HAVING expression>
       <ORDER BY column-1<, column-2>…
          <DESC>>;
QUIT;
```

① SELECT : Query 수행 후 생성된 결과에 해당하는 column 나열
② FROM : 추출 대상이 되는 데이터 테이블
③ WHERE 문장 : 추출 데이터의 Subset 생성 조건문 삽입
④ Group by : 해당 column을 key로 하여 데이터 Summary 수행
⑤ Having 문장 : Group By에 해당하는 column을 기준으로 하여 조건문 삽입
⑥ Order By : 해당 column을 key로 하여 데이터 정렬

♠ 오름차순이 Default이며, 내림차순으로 작업 수행 시 "DESC" 문을 명기해 주어야 한다.

♠ ④번, ⑤번에 정의된 컬럼은 반드시 SELECT 문장에도 선언되어야 한다.

2.2.3 SQL 문법 검증

SQL 프로시저를 작성하고 난 후, 문법의 오류 여부를 체크하기 위해 사용되는 옵션은 다음과 같다.
- SELECT 구문에 사용되는 Validate 옵션
- PROC SQL 구문에 사용되는 NOEXEC 옵션

두 가지 방법 모두 실제 SQL 프로시저를 실행하지는 않고, 문법상의 오류 여부를 체크하고 해당 결과를 return 해주는 방법이다.
① Query 실행 없이 문법상의 오류 체크
② Column명 유효성 체크
③ 유효하지 못한 Query일 경우 해당 오류 메시지를 SAS log 창에 출력

(1) Validate 옵션

SELECT 구문에 사용되는 문법 검증옵션이다. 정상적으로 처리되는 경우는 다음과 같다.

[표 2-7] Validate 옵션 예제-1

```
PROC SQL;
   VALIDATE
   SELECT emp_id, gender, region, grade, hobby
   FROM Datalib.emp
   WHERE age >= 20;
QUIT;
------------------------------------------------------------
SAS Log
NOTE: PROC SQL statement has valid syntax.
```

SELECT 문장에 정의된 "bonus"라는 컬럼이 호출 테이블(Datalib.emp)에 없어 오류가 발생하였다.

[표 2-8] Validate 옵션 예제-2

```
PROC SQL;
   VALIDATE
   SELECT emp_id, gender, region, grade, hobby,
          bonus
   FROM Datalib.emp
   WHERE age >= 30;
QUIT;
------------------------------------------------------------
SAS Log
ERROR: The following columns were not found in the
contributing tables: bonus.
```

(2) NOEXEC 옵션

PROC SQL 문장에 사용되는 NOEXEC 옵션이다.

[표 2-9] NOEXEC 옵션 예제-1

```
PROC SQL NOEXEC;
   SELECT emp_id, gender, region, grade, hobby
   FROM Datalib.emp
   WHERE age >= 20;
QUIT;
--------------------------------------------------------
SAS Log
NOTE: Statement not executed due to NOEXEC option
```

VALIDATE 옵션과 동일하게 해당 컬럼이 존재하지 않는다는 오류메시지를 로그창에 출력한다.

[표 2-10] NOEXEC 옵션 예제-2

```
PROC SQL NOEXEC;
   SELECT emp_id, gender, region, grade, hobby,
          bonus
   FROM Datalib.emp
   WHERE age >= 30;
QUIT;
--------------------------------------------------------
SAS Log
ERROR: The following columns were not found in the
contributing tables: bonus.
```

2.2.4 Queries

(1) Column Query (SELECT)

Query를 통하여 테이블의 column을 선택하고, column의 연산을 통한 다른 column 생성 등 column을 선택/생성/삭제할 수 있다.

[표 2-11] Column Query 예제-1

```
PROC SQL;
   SELECT emp_id, gender, region, grade, hobby,
          age, salary
   FROM Datalib.emp;
QUIT;
```

만약, 해당 테이블의 column name을 정확히 모른다면, SELECT * 로 작성할 경우, Column을 나열하지 않아도 해당 테이블의 모든 Column에 대한 결과가 출력된다. 또한, 컬럼 이름을 확인하기 위해 Feedback 옵션을 적용할 수 있다.

[표 2-12] Column Query 예제-1

```
PROC SQL FEEDBACK;
   SELECT *
   FROM Datalib.emp;
QUIT;
```

```
2     PROC SQL FEEDBACK;
3        SELECT *
4        FROM Datalib.emp;
NOTE: Statement transforms to:
        select EMP.emp_id, EMP.gender, EMP.region,
EMP.grade, EMP.hobby, EMP.Age, EMP.Salary
          from DATALIB.EMP;
5     QUIT;
```

새로운 컬럼을 생성할 때는 다음 예제와 같이 계산식을 입력하고 "AS 신규 컬럼명"을 지정한다. 신규컬럼을 지정하지 않으면 화면출력에서는 공백으로, 저장하는 경우는 "_TEMA001"과 같이 자동변수가 생성된다.

[표 2-13] Column Query 예제-2

```
PROC SQL;
   SELECT emp_id, gender, region, grade, hobby,
          salary*0.1 AS bonus
   FROM Datalib.emp;
QUIT;
```

♠ 컬럼명, 테이블명의 Alias는 "AS"를 사용한다.

(2) Row Query (WHERE)

Query를 통하여 중복된 row를 제거하거나, WHERE 조건절을 통하여 해당 row만을 선택할 수 있다.

[표 2-14] Row Query 예제-1

```
PROC SQL;
   SELECT emp_id, gender, region, grade, hobby
   FROM Datalib.emp
   WHERE age > 15;
QUIT;
```

해당 테이블에서 age가 15보다 큰 경우의 row를 출력한다.

[표 2-15] Row Query 예제-2

```
PROC SQL;
   SELECT emp_id, gender, region, grade, hobby,
          salary*0.1 AS bonus
   FROM Datalib.emp
   WHERE bonus < 10000;
QUIT;
---------------------------------------------------------
SAS Log
ERROR: The following columns were not found in
the contributing tables: bonus
```

WHERE 절에 사용된 bonus는 해당 테이블 상에 존재하지 않는 column이므로 에러가 발생한다. 이 경우 다음 두 가지 방법을 통해 신규 생성 변수의 조건식을 적용할 수 있다.

▶ WHERE 절에 계산식을 직접 작성한다.

[표 2-16] Row Query 예제-3

```
PROC SQL;
   SELECT emp_id, gender, region, grade, hobby,
          salary*0.1 AS bonus
   FROM Datalib.emp
   WHERE salary*0.1 < 10000;
QUIT;
```

▶ Calculated 구문을 사용하면, 실제 column이 아닌 연산을 통해 생성된 column임을 인식시킨다.

[표 2-17] Row Query 예제-4

```
PROC SQL;
   SELECT emp_id, gender, region, grade, hobby,
          salary*0.1 AS bonus
   FROM Datalib.emp
   WHERE CALCULATED bonus < 10000;
QUIT;
```

(3) Data 정렬

Query에서 특정 column을 key로 하여 데이터를 정렬하고, SELECT 구문에서 column의 label, formats, length들을 사용하여 데이터의 속성을 변경할 수도 있다.

· ORDER BY
데이터 정렬 시 사용되는 구문이다(기본값=오름차순 정렬).

▶ Age column을 기준으로 데이터를 오름차순 정렬한다.

[표 2-18] Data 정렬 예제-1

```
PROC SQL;
   SELECT emp_id, gender, region, grade,
          hobby, age
   FROM Datalib.emp
   ORDER BY age;
QUIT;
```

▶ Age column을 기준으로 데이터를 내림차순 정렬한다.

[표 2-19] Data 정렬 예제-2

```
PROC SQL;
   SELECT emp_id, gender, region, grade,
          hobby, age
   FROM Datalib.emp
   ORDER BY age DESC;
QUIT;
```

· FORMAT, LABEL, ·LENGTH

데이터 속성 변경을 위한 SELECT 구문 예제이다.

[표 2-20] Data 정렬 예제-3

```
PROC SQL;
   SELECT emp_id label='Employee id',
          gender, region, grade, hobby, age,
          salary label='Annual Salary'
               format=dollar12.2
   FROM Datalib.emp
   ORDER BY age DESC;
QUIT;
```

Data 속성의 변경 및 생성을 통해 data의 출력 형태를 변경시키는 예제이다.

(4) Data Summary

Query에서 특정 column을 key로 하여 데이터를 Summary 할 때 사용한다.

· GROUP BY

▶ Region 기준의 평균 연령, 임금 합계 데이터를 생성한다.

[표 2-21] Data Summary 예제-1

```
PROC SQL;
   SELECT region, AVG(age) AS sum_age,
                  SUM(salary) AS sum_salary
   FROM Datalib.emp
   GROUP BY region;
QUIT;
```

▶ Group by 변수인 region column을 key로 하여 계산된 결과 중에서 해당 조건에 맞는 값을 생성시켜야 할 경우에는 HAVING 구문을 사용한다.

[표 2-22] Data Summary 예제-2

```
PROC SQL;
   SELECT region, AVG(age) AS sum_age,
                  SUM(salary) AS sum_wage
   FROM Datalib.emp
   GROUP BY region
   HAVING SUM(age) < 30;
QUIT;
```

[표 2-23] Data Summary에 사용되는 Summary functions

AVG, MEAN	mean or average value
COUNT, FREQ, N	number of non-missing value
MAX	largest value
MIN	smallest value
NMISS	number of missing value
STD	standard deviation
SUM	sum of value
VAR	variance

(5) Sub Query

1차적으로 Query 문장이 작성되어 생성된 결과들을 2차적인 Query 문장에서 선택하거나 조건으로 활용하는 등의 다중적인 문장이 작성된다. 이와 같은 구조를 일반적으로 Nested Query 라고 하고 SAS에서는 Sub Query라고 부른다.
다른 Query에서 생성된 값이 하나 혹은 여러 개의 값이라도 상관이 없으며 하나의 column에서만 적용이 가능하다.

▶ region column을 key로 하여 연령 평균, 임금 합계를 Query한다. 즉, 각 region 별로 결과가 생성된다. 이때 region 별 평균 나이가 전체 평균 나이보다 작은 경우만의 결과를 생성하게 된다.

[표 2-24] Sub Query 예제-1

```
PROC SQL;
   SELECT region, SUM(age) AS sum_age,
                 SUM(salary) AS sum_salary
   FROM Datalib.emp
   GROUP BY region
   HAVING avg(age) <
          (SELECT avg(age)
           FROM Datalib.emp);
QUIT;
```

▶ Sub Query 예제-1과 동일한 결과를 생성시켜 주는 Query이다. 해당 값을 매크로 변수(&age_avg)로 생성하여 같은 결과를 생성시켜주는 Query이다.

[표 2-25] Sub Query 예제-2

```
PROC SQL;
   SELECT avg(age) into : age_avg
   FROM Datalib.emp;
QUIT;
%put &age_avg;

PROC SQL;
   SELECT region, SUM(age) AS sum_age,
                 SUM(salary) AS sum_salary
   FROM Datalib.emp
   GROUP BY region
   HAVING avg(age) < &age_avg;
QUIT;
```

▶ Age column이 35보다 큰 경우에 해당하는 region을 가지고 있는 해당 테이블의 emp_id, gender, grade, hobby의 값들을 생성하는 sub Query이다.

[표 2-26] Sub Query 예제-3

```
PROC SQL;
   SELECT emp_id, gender, grade, hobby
   FROM Datalib.emp
   WHERE region in
          (SELECT region
           FROM Datalib.emp
           WHERE age > 35);
QUIT;
```

2.3 Data 결합

여러 개의 테이블들을 join의 개념을 통하여 데이터들을 결합시킬 수가 있다.

♠ Data step의 merge 기능과 SQL 프로시저의 join기능은 동일하다.

2.3.1 Join

(1) Join 종류

SQL 프로시저에서는 크게 2가지 join 방법을 제공한다. Inner join과 Outer join으로 구분할 수 있으며, Outer join은 특성에 따라 left/right/full join으로 구분할 수 있다.

[표 2-27] Inner Join 개념

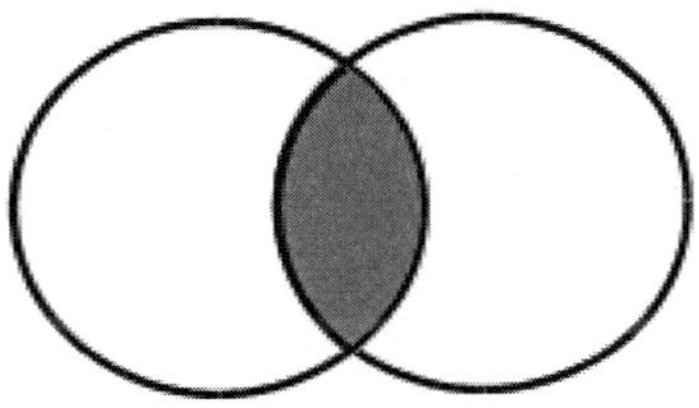

[표 2-28] Outer Join 개념

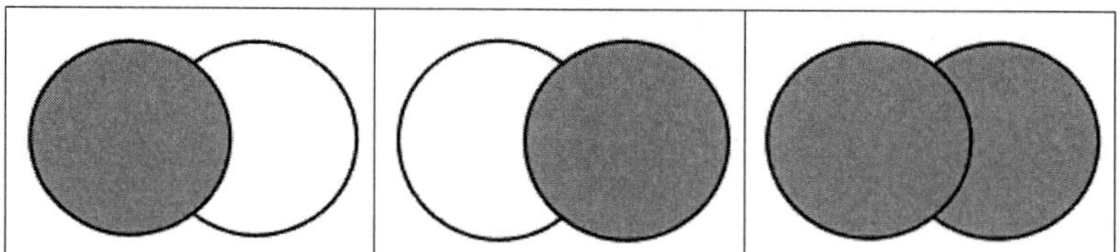

Left Join　　Right Join　　Full Join

1) Inner Join

결합될 테이블의 기준에 의해 동일한 것들만 출력된다. 즉, 출력 결과는 교집합 형태가 된다. Join 대상이 되는 테이블 중에서 key가 되는 column을 기준으로 동시에 해당하는 값만을 추출한다.

♠ SAS의 Inner Join은 동시에 최대 32개의 테이블끼리 join 수행이 가능하다.

[표 2-29] Inner Join 구조

```
SELECT column-1, column-2, …
   FROM table-1, table-2, …
   WHERE join-condition(s)
           <AND other subsetting conditions>
   <other clauses>;
```

[표 2-30] Inner Join 예제-1

```
        One                          Two
   -------------                -------------
     X     A                      X      B
     1     a                      2      x
     4     d                      3      y
     2     b                      5      v
   -------------                -------------
PROC SQL;
   SELECT one.x, one.a, two
   FROM one, two
   WHERE one.x = two.x;
QUIT;
------------------------------------------------------
SAS Output
   X    A    B
   2    b    x
```

[표 2-31] Inner Join 예제-2

```
PROC SQL;
   SELECT emp.emp_id, emp.gender,
          emp.region, emp.grade, grade.grade_nm
   FROM Datalib.emp, Datalib.grade
   WHERE emp.grade = grade.grade;
QUIT;
```

♠ 해당 테이블명의 Alias를 주게 되면 테이블명이 길 경우 프로그램에 alias를 명기하면 되므로 프로그램이 간단해진다.

[표 2-32] Inner Join 예제-3

```
PROC SQL;
   SELECT a.emp_id, a.gender,
          a.region, a.grade, b.grade_nm
   FROM Datalib.emp AS a, Datalib.grade AS b
   WHERE a.grade = b.grade;
QUIT;
```

2) Outer Join0

Join 대상이 되는 테이블 중에서 key가 되는 column을 기준으로 하여 해당되지 않는 값까지 모두 추출하는 경우에 적용이 된다.

♠ Outer Join은 Inner Join과는 다르게 동시에 2개의 테이블씩 join을 수행한다.

[표 2-33] Outer Join 구조

```
SELECT column <, column> …
   FROM table1 LEFT|RIGHT|FULL JOIN
          table2
   ON join-condition(s)
       <other clauses>
```

· Left Join
좌측 테이블의 값은 모두 출력되고 결합될 테이블에서는 기준 변수의 동일한 값만 출력된다. FROM 구문을 기준으로 첫 번째 언급되는 테이블을 기준으로 하여 key가 되는 column을 기준으로 해당되는 값 + 해당되지 않는 값을 추출한다.

[표 2-34] Left Join 예제-1

```
PROC SQL;
   SELECT a.x, a.a, b.b
   FROM one AS a LEFT JOIN two AS b
   ON a.x = b.x;
QUIT;
------------------------------------------------------------
SAS Output
    X    A    B
    1    a
    4    d
    2    b    x
```

♠ 테이블 one, two에 대해서 각각 a와 b로 Alias하였다.

[표 2-35] Left Join 예제-2

```
PROC SQL;
   SELECT a.emp_id, a.gender,
          a.region, a.grade, b.grade_nm
   FROM Datalib.emp a LEFT JOIN Datalib.grade b
   ON a.grade = b.grade;
QUIT;
```

· Right Join
우측 테이블의 값은 모두 출력되고 결합될 테이블에서는 기준 변수의 동일한 값만 출력된다. FROM 구문을 기준으로 두 번째 언급되는 테이블을 기준으로 하여, key가 되는 column을 기준으로 해당되는 값 + 해당되지 않는 값을 추출한다.

[표 2-36] Right Join 예제-1

```
PROC SQL;
   SELECT b.x, a.a, b.b
   FROM one AS a RIGHT JOIN two AS b
   ON a.x = b.x;
QUIT;
-----------------------------------------------------
SAS Output
    X    A    B
    2    b    x
    3         y
    5         v
```

[표 2-37] Right Join 예제-2

```
PROC SQL;
   SELECT b.grade, b.grade_nm, a.emp_id,
          a.gender, a.hobby
   FROM Datalib.emp a RIGHT JOIN
         Datalib.grade b
   ON a.grade = b.grade;
QUIT;
```

· Full Join

좌측 테이블의 모든 값과 결합될 테이블에서 동일한 기준 및 모든 값이 출력된다. 즉, 합집합이 만들어지게 된다. 그러나 컬럼은 합집합의 형태가 아니고 동일한 컬럼이 반복된다. FROM 구문에 언급되는 두 개의 테이블로부터 key가 되는 column을 기준으로 하여, 해당되는 값 + 해당되지 않는 값을 추출한다.

[표 2-38] Full Join 예제-1

```
PROC SQL;
   SELECT *
   FROM one AS a FULL JOIN two AS b
   ON a.x = b.x;
QUIT;
---------------------------------------------------
SAS Output
    X    A    X     B
    1    a    .
    2    b    2     x
    .         3     y
    4    d    .
    .         5     v
```

[표 2-39] Full Join 예제-2

```
PROC SQL;
   SELECT COALESCE(a.x,b.x) AS x, a.a, b.b
   FROM one AS a FULL JOIN two AS b
   ON a.x = b.x;
QUIT;
---------------------------------------------------
SAS Output
    X    A    B
    1    a
    2    b    x
    3         y
    4    d
    5         v
```

♠ Full join의 경우, 두 개의 테이블에 동시에 존재하는 column 발생시 overlay해서 보여주지 못한다. 이럴 경우 coalesce 함수를 통하여 해당 column의 값을 overlay 시킬 수가 있다.

[표 2-40] Full Join 예제-3

```
PROC SQL;
   SELECT COALESCE(a.grade, b.grade) AS grade,
          b.grade_nm, a.emp_id, a.gender, a.hobby
   FROM Datalib.emp a FULL JOIN
          Datalib.grade b
   ON a.grade = b.grade;
QUIT;
```

2.3.2 JOIN과 MERGE의 비교

SQL 프로시저에서 이루어지는 join 과정은 data step의 merge와 동일하게 구현 가능하다. 단, data step에서 merge 사용 시 기준 변수(by 문에 적용되는 column)가 미리 정렬(sort 프로시저가 수행되어 있어야 한다)되어 있어야 한다.

[표 2-41] Merge 예제 테이블

One		Two	
X	A	X	B
1	a	2	x
4	d	3	y
2	b	5	v

· Inner join

[표 2-42] Merge 예제 -1

```
PROC SORT DATA=one; BY x; RUN;
PROC SORT DATA=two; BY x; RUN;

DATA three;
   MERGE one(IN=a1) two(IN=b1);
   BY x;
   IF a1 and b1;
RUN;
```

♠ 테이블 Alias의 경우, column 이름과 중복이 되면 안 되며, alias를 통해서만 데이터셋 결합 조건을 부여할 수 있다.

· Left join

[표 2-43] Merge 예제 -2

```
PROC SORT DATA=one; BY x; RUN;
PROC SORT DATA=two; BY x; RUN;

DATA three;
   MERGE one(IN=a1) two(IN=b1);
   BY x;
   IF a1;
RUN;
```

· Right join

[표 2-44] Merge 예제 -3

```
PROC SORT DATA=one; BY x; RUN;
PROC SORT DATA=two; BY x; RUN;

DATA three;
   MERGE one(IN=a1) two(IN=b1);
   BY x;
   IF b1;
RUN;
```

· Full join

[표 2-45] Merge 예제 -4

```
PROC SORT DATA=one; BY x; RUN;
PROC SORT DATA=two; BY x; RUN;

DATA three;
   MERGE one two;
   BY x;
RUN;
```

♠ Merge의 경우는 자동으로 overlay 기능을 제공한다. SQL 프로시저처럼 coalesce 함수를 적용할 필요가 없다.

2.4 테이블 생성

SQL 프로시저에 의해 출력된 데이터들을 저장하는 방법을 설명한다. SAS 데이터셋과 뷰 테이블로 저장할 수 있다.
새로운 데이터셋을 생성하기 위해서는 다음과 같은 형식으로 지정한다. 뷰테이블을 생성할 때에는 "TABLE 문장" 대신 "VIEW" 문장을 사용한다.

[표 2-46] 테이블 생성 형식

```
CREATE TABLE [데이터셋 이름] AS
SELECT ....................................
```

Data Summary 예제-1에서 생성된 결과를 저장하기 위해 CREATE TABLE 문장을 맨 앞에 삽입하였다. CREATE 문장이 사용되면 수행된 결과는 별도 출력되지는 않는다.

[표 2-47] Data Summary 예제-1

```
PROC SQL;
   CREATE TABLE WORK.SM AS
   SELECT region, AVG(age) AS sum_age,
                  SUM(salary) AS sum_salary
   FROM Datalib.emp
   GROUP BY region;
QUIT;
```

VIEWTABLE: Work.Sm

	region	sum_age	sum_salary
1	강릉	36	4800
2	광주	35	5000
3	대구	26	2000
4	대전	31	6800
5	부산	30	9500
6	서울	35.4	23300
7	인천	41	5300

chapter 03

매크로 프로그래밍

매크로는 동일한 작업과정을 반복적으로 이용하는 경우, 프로그램 작성상의 불편함을 없애고 반복적으로 사용하는 작업의 저장을 통한 프로그램 작성의 용이성을 제공한다.
자주 사용되는 문장이나 공통 모듈을 매크로로 작성을 하여, 서로 공유를 함으로써 효율적인 프로그램 관리 및 사용을 하는데 도움을 준다.

3.1 매크로 변수 및 수행 구조

3.1.1 매크로 변수 정의

매크로 변수에는 자동 매크로 변수와 사용자 정의 매크로 변수 두 종류가 있다. 자동 매크로 변수는 SAS 시스템의 작동 시 자동으로 변수가 생성이 되어 값이 초기화되며 사용자 정의 매크로 변수는 정의 방법에 따라 여러 가지가 존재하며 SAS 프로그램 전반에 적용하거나 특정 매크로부분에만 국한하여 사용할 수 있다.

(1) 자동 매크로 변수

SAS 시스템 작동 시 Global symbol table이 세팅이 되면서 다음과 같은 값들이 자동 매크로 변수값으로 할당이 된다.

· **SYSLAST**
가장 최근에 생성된 SAS 데이터셋의 라이브러리와 이름 정보 할당(만약, 생성된 데이터셋이 없다면 _Null_의 값이 할당)

· **SYSDATE**
SAS 시스템의 오픈 시간을 Date7.의 Format으로 정보 할당

· **SYSDATE9.**
SAS 시스템의 오픈 시간을 Date9.의 Format으로 정보 할당

· **SYSDAY**
SAS 시스템의 오픈 요일 정보 할당

· **SYSSCP**
SAS가 설치되어 있는 시스템의 OS 환경 정보 할당

· **SYSVER**
설치되어 있는 SAS 시스템의 Version 정보 할당

· **SYSJOBID**
시스템에서 자동 할당 되어 있는 Jobid 정보 할당

· **SYSERR**
수행된 SAS Step 결과의 성공/실패 여부의 Return Code 정보 할당
0 : Warning Message 없이 실행 성공 완료
1-3 : User에 의해 실행이 취소 혹은 중지된 경우
4 : Warning Message와 함께 실행 성공 완료
>4 : 수행 Step에서 에러 발견

♠ %PUT _automatic_ ;
SAS 시스템에 할당되어 있는 자동 매크로 변수를 SAS Log 창에서 확인할 수 있다.

(2) 사용자 정의 매크로 변수

사용자 정의 매크로 변수의 생성은 여러 가지 방법이 있다. 생성 방법만 다를 뿐 수행하는 역할은 동일하다. 정의한 매크로 변수에 해당하는 값의 변경 발생 시 사전에 선언한 매크로 값만 변경이 되면 추후 프로그램에는 자동으로 적용이 되기 때문에 아주 용이하게 사용 가능하다. 만약 매크로 변수로 선언하지 않은 값의 변경이 발생하면 일일이 프로그램 해당 부분에 가서 수정을 해야 하기에 불편함 뿐만 아니라 정확성 테스트를 수행해야 한다. 따라서 사용자 정의 매크로 변수의 효율적인 사용에 따라 프로그램 관리 측면이나 변경 발생에 대해서 대처가 용이할 수 있다.
다음은 사용자 정의 매크로 변수를 선언하는 방법이다.

- %LET 문을 통한 매크로 변수 생성
- 데이터 스텝에서 CALL SYMPUT 루틴을 통한 매크로 변수 생성
- PROC SQL에서 Into Clause를 통한 매크로 변수 생성

· **%LET**

[표 3-1] %LET Syntax

```
%LET 매크로 변수 = Text ;
```

- 매크로 변수 : 사용자가 정의하는 매크로 변수 이름
- Text : 정의된 매크로 변수에 할당될 Value

[표 3-2] %LET 예제

```
%LET Lib = DATAlib ;
%LET Data = Emp ;
%LET Weight = 1.5 ;
```

♠ 선언된 매크로 변수의 값을 확인할 때는 %PUT을 사용하면 SAS Log 창에서 값을 확인가능하다.
%PUT 매크로변수;

· CALL SYMPUT

데이터 스텝 안에서 매크로 변수 생성 시 사용한다.

[표 3-3] CALL SYMPUT Syntax

```
CALL SYMPUT (매크로 변수, Text);
```

- 매크로 변수 : 사용자가 정의하는 매크로 변수 이름
- Text : 정의된 매크로 변수에 할당될 Value

♠ SYMPUT에서 매크로변수와 변수는 각각 따옴표로 둘러싼다.

▶ Emp 데이터를 활용하여 age 변수의 평균이 30보다 작은 경우 신규 변수 group에 'Young'의 값을, 그렇지 않은 경우 'Old'의 값을 할당하라.

[표 3-4] CALL SYMPUT 예제

```
DATA _NULL_;
   SET DATAlib.emp END=EOF;
   RETAIN chk n 0;
   n = n + 1;
   chk = chk + age;
   IF EOF THEN DO;
     IF chk/n<30 THEN
           CALL SYMPUT("Group", "Young");
     ELSE CALL SYMPUT("Group", "Old");
   END;
RUN;
```

CALL SYMPUT에서 Text에 할당될 수 있는 Value의 Case는 다음과 같다.

- 특정 문자 : 사용자에 의한 매크로 변수에 할당되는 특정 값
- 데이터 스텝의 : 데이터 스텝안의 변수의 값 할당
- 표현식 : 데이터 스텝의 변수 변환을 통한 값 할당

♠ CALL SYMPUT은 하나의 Record에 해당하는

값을 매크로 변수로 넘겨준다. 복수 Record는 최종값만 기억된다.

· INTO Clause in PROC SQL

SQL 프로시저의 select 구문에서 INTO clause를 사용하여 매크로 변수 생성

[표 3-5] Into Clause Syntax

```
SELECT Value INTO : 매크로 변수
   FROM TABLE-expression
   WHERE where-expression
   Other Clauses;
```

- 매크로 Variable : 사용자가 정의하는 매크로 변수 이름
- Value : 정의된 매크로 변수에 할당될 값

▶ Emp 데이터의 총 row 수를 INTO clause를 활용하여 매크로 변수 cnt에 할당하라.

[표 3-6] Into Clause 예제

```
PROC SQL;
   SELECT Count(*) INTO : cnt
   FROM DATAlib.emp;
QUIT;
%PUT &cnt=;
```

3.1.2 전역/지역 매크로 변수

매크로 변수는 정의 방법에 따라 전역변수와 지역변수로 나뉘어진다. 전역변수는 매크로와는 상관없이 SAS가 구동중이면 어디서든 사용이 가능한 변수이며, 지역변수는 선언된 매크로 안에서만 움직이는 변수이다. 자동 매크로 변수는 모두 전역변수이며, 사용자 정의 매크로 변수는 전역변수와 지역변수로 나누어 저장할 수 있다. 또한, 매크로 변수의 정의 위치에 따라 전역변수인지 지역변수인지 자동으로 구분되어 설정된다.

· **전역 변수**

전역 변수 정의 방법은 다음과 같다.

- %LET 문장을 통한 매크로 변수 정의
- CALL SYMPUT 문을 통한 매크로 변수 정의
- Into clause 문을 통한 매크로 변수 정의
- %GLOBAL 문을 통한 매크로 변수 정의

단, 상기 4가지 방법 중 %GLOBAL 문을 통한 매크로 변수 정의 방법만이 생성 위치에 상관이 없이 전역 변수로 인식이 되며, 나머지의 경우는 매크로 문(%Macro~%Mend) 밖에서 정의를 해야 전역 변수로 인식이 된다.

[표 3-7] 전역 변수 정의

```
%GLOBAL 매크로 변수 명 ;
```

· **지역 변수**

지역 변수 정의 방법은 다음과 같다.

- %LET 문장을 통한 매크로 변수 정의
- CALL SYMPUT 문을 통한 매크로 변수 정의
- Into clause 문을 통한 매크로 변수 정의
- %LOCAL 문을 통한 매크로 변수 정의

단, 상기 4가지 방법 중 %LOCAL 문을 통한 매크로 변수 정의 방법만이 생성 위치에 상관이 없이 지역 변수로 인식이 되며 나머지의 경우는 매크로 문 안에서 정의를 해야 지역 변수로 인식이 된다.

[표 3-8] 지역 변수 정의

```
%LOCAL 매크로 변수 명 ;
```

· **전역 변수와 지역 변수의 차이점**

매크로에서 정의하는 전역 변수와 지역 변수에 대한 각각의 특징과 차이점은 다음 표와 같다.

[표 3-9] 전역 변수와 지역 변수의 차이점

전역 변수	지역 변수
• SAS 구동과 함께 초기화 및 생성이 된다.	• 매크로 수행문 안에서 초기화 및 호출이 가능하다.
• SAS 종료 시 삭제가 된다.	• 매크로 수행 종료 시 삭제가 된다.
• SAS 구동중인 동안 어디서든 사용이 가능하다.	• 매크로 수행 중에만 사용이 가능하다.
• SAS 구동중인 동안 Update 가능하다.	• 매크로 수행 중에만 Update 가능하다.

3.1.3 매크로 수행 구조

SAS 매크로는 INPUT STACK, WORD SCANNER, COMPILER, MACRO PROCESSOR, SYMBOL TABLE의 5개 구성요소에 의한 유기적인 관계에 의해 파라미터를 주고받고 일시적으로 저장하고 해석하면서 정확하게 실행된다.

SAS 매크로에서는 시스템에서 매크로 변수 여부를 조사하고 매크로 processor에 매크로 값을 넘겨주어 SAS 내장 테이블인 symbol table에 그 값을 저장한다.

실행문에서 매크로 변수를 만났을 때 저장된 symbol table에서 그 값을 읽어 해당 매크로 변수에 그 값을 넘겨준다.

이와 같이 SAS 매크로 수행은 매크로 processor와 symbol table을 통하여 값을 주고받으며 정의되지 않은 매크로 변수 존재 시 오류 code를 생성시키는 구조로 이루어져 있다.

[표 3-10] 매크로 processor에서 실행문 처리 순서 및 방법 예제

```
%LET Weight = 0.5 ;
DATA New;
   SET DATAlib.emp;
   Add = salary * &weight;
RUN;
```

상기 매크로가 실행되는 경로 및 절차를 도식화하여 정리하면

다음과 같다.

① SAS Input Stack으로 실행문장들을 이동시킨다. 프로그램 실행 준비과정이다.

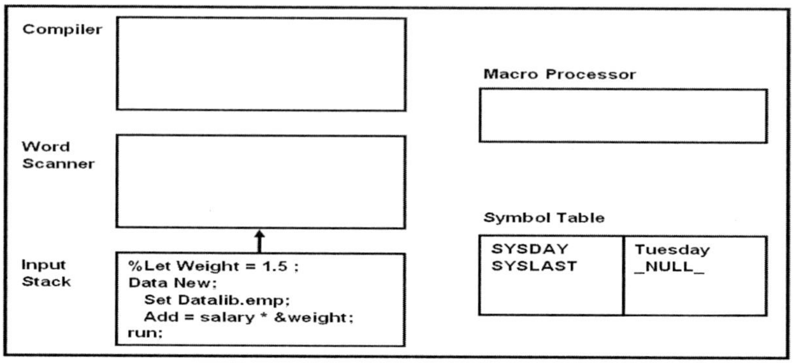

② Word Scanner를 통하여 첫 문장 Read하여 “%LET”을 MACRO Processor로 전달

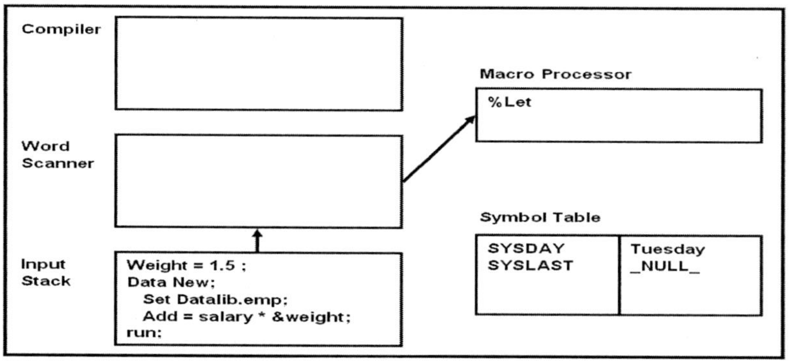

③ %LET Weight = 1.5; 문장은 매크로 processor로 이동

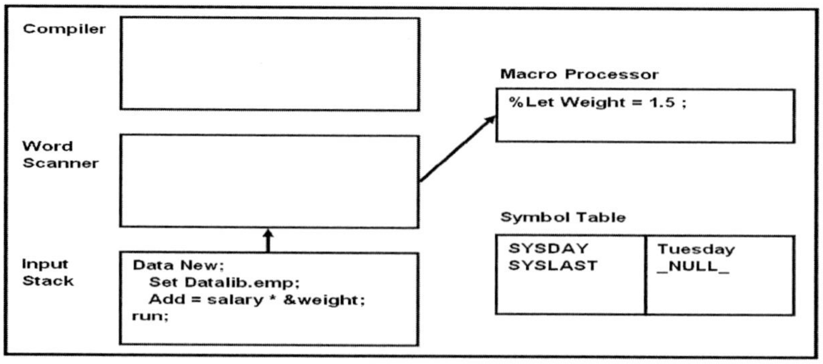

④ Symbol Table에 Weight 매크로 변수에 1.5 값을 할당하여 저장한다.

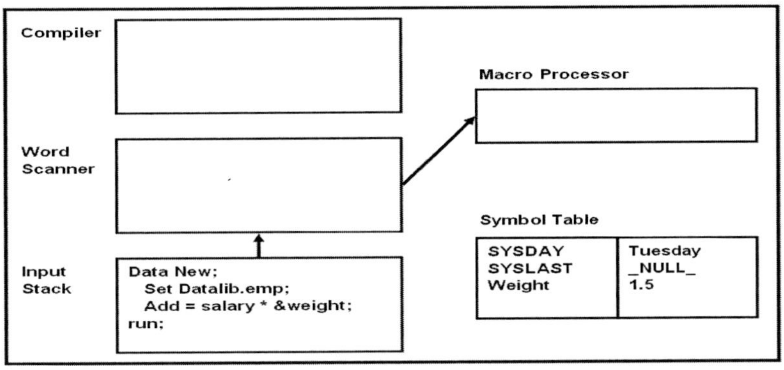

⑤ Word Scanner를 통하여 다음 문장을 Read한다.

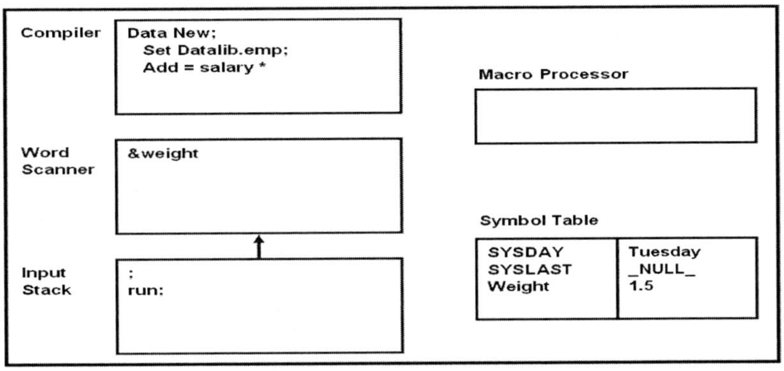

⑥ Word Scanner에서 & 기호 Read 시 매크로 processor로 이동한다.

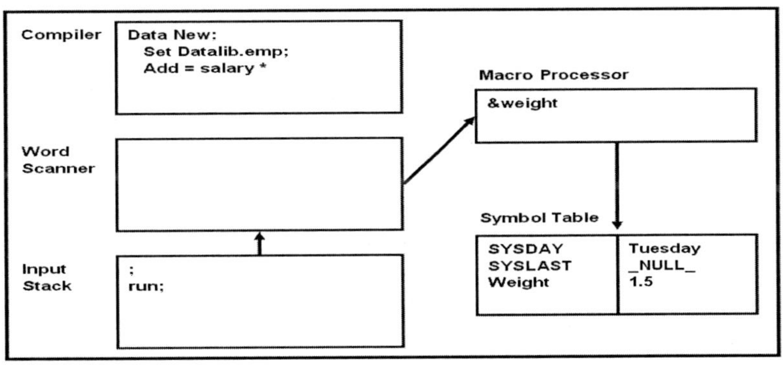

⑦ Symbol Table에서 &weight에 해당하는 값 Read한다.

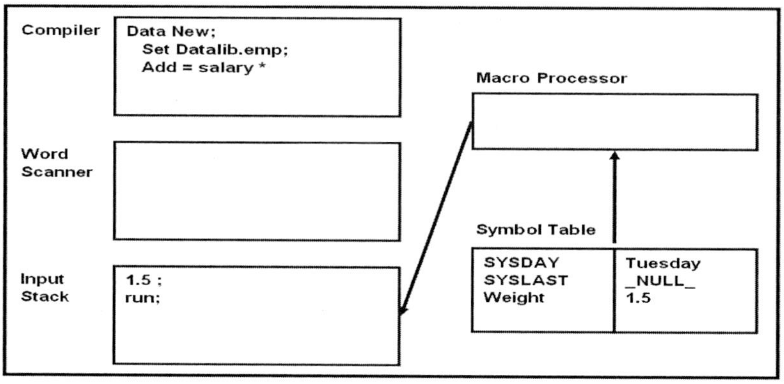

⑧ Word Scanner를 통하여 매크로 변수에 값 할당하여 실행문 Compile한다.

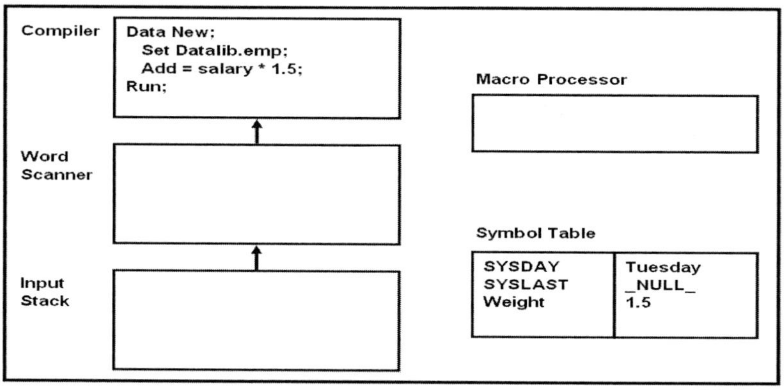

⑨ Compiler를 통하여 실행되어 해당 데이터가 생성한다.

3.2 매크로 변수 활용

자동 및 사용자 정의 방법으로 정의된 매크로 변수에 할당된 값을 활용하는 방법에는 크게 두 가지의 방법이 있다.

- "&"를 활용하여 매크로 변수 값 활용
- SYMGET 함수를 활용하여 매크로 변수 값 활용

♠ 매크로 변수는 자체적으로 문자/숫자의 특성을 가지고 있지 않는다. 매크로 변수를 치환 받는 변수의 형식에 Dependent 하다.

3.2.1 변수 활용 방법

(1) & 활용

자동 매크로 변수나 사용자 정의 매크로 변수를 "&" 활용하여 다른 변수에 치환하는 방식이다.

[표 3-11] & 활용 예제-1

```
%LET Lib = DATAlib ;
------------------------------------------------------------
DATA _null_;
   val = "&Lib";
   PUT val = ;
RUN;
```

♠ 만약, val = &Lib라고 프로그램 했다면 숫자형식의 값에 문자형식의 값을 입력했기에 val 변수에는 Null 값이 입력이 된다. 즉, DATAlib라는 변수로 인식한다.

[표 3-12] & 활용 예제-2

```
DATA _null_;
   SET DATAlib.emp END=EOF;
   retain chk n 0;
   n = n + 1;
   chk = chk + age;
   IF EOF THEN DO;
     IF chk/n<30 THEN
           CALL  SYMPUT('Group','Young');
     ELSE CALL  SYMPUT('Group','Old');
   END;
Run;
------------------------------------------------------------
DATA _null_;
   val = "&group";
   PUT val = ;
RUN;
```

[표 3-13] & 활용 예제-3

```
PROC SQL;
   SELECT Count(*) INTO : cnt
   FROM DATAlib.emp;
QUIT;
------------------------------------------------------------
%PUT &cnt=;
```

(2) SYMGET 활용

자동 매크로 변수나 사용자 정의 매크로 변수를 SYMGET 함수를 활용하여 다른 변수에 치환하는 방식이다.

♠ SYMGET 함수를 활용하여 매크로 변수를 치환받을 때에는 "&"를 사용하지 않는다.

[표 3-14] SYMGET 활용 예제-1

```
%LET Lib = DATAlib ;
------------------------------------------------------------
DATA _null_;
   val = SYMGET('Lib');
   PUT val = ;
RUN;
```

[표 3-15] SYMGET 활용 예제-2

```
DATA _null_;
   SET DATAlib.emp END=EOF;
   retain chk n 0;
   n = n + 1;
   chk = chk + age;
   IF EOF THEN DO;
     IF chk/n<30 THEN
           CALL  SYMPUT('Group','Young');
     ELSE CALL  SYMPUT('Group','Old');
   END;
Run;
------------------------------------------------------------
DATA _null_;
   val = SYMGET('Group');
   PUT val = ;
RUN;
```

[표 3-16] SYMGET 활용 예제-3

```
Proc SQL;
   SELECT Count(*) INTO : cnt
   FROM DATAlib.emp;
QUIT;
----------------------------------------------------------
DATA _null_;
   val = SYMGET('cnt');
   PUT val = ;
RUN;
```

♠ 기본적으로 SYMGET 함수를 활용하면 치환된 값은 문자로 인식이 된다. 만약, 수치형으로 변환을 할 경우 Input 함수를 통하여 변환을 해야 한다.

3.2.2 일반 Text와 함께 매크로 변수 사용

프로그램 작성을 하다 보면, 일반 텍스트의 앞과 끝에 매크로 변수를 사용하여 적용할 때가 존재한다. 이런 경우, 매크로 변수와 텍스트의 구분자를 제대로 사용하지 않으면 프로그램 오류가 발생한다.
다음과 같은 경우가 매크로 변수와 텍스트를 혼합하여 사용되는 예이다.

- case1 : text&매크로 변수
- case2 : &매크로 변수text
- case3 : text&매크로 변수text

'서울'이라는 값을 매크로 변수로 활용하여 '서울시 서초구 반포1동' 주소를 적용하고자 한다.

[표 3-17] 매크로 변수 혼합사용 예제-1

```
%LET city = 서울 ;
%LET address = &city시 서초구 반포1동 ;
%PUT &address=;
```

상기 예제의 경우, 프로그램을 수행하게 되면 &city시라는 변수에 해당하는 값이 없다고 SAS log창에 출력이 된다. 선언된 매크로 변수는 city이므로 &city시라는 값을 인식을 못하게 된다. 상기 경우는 다음과 같이 매크로변수 뒤에 마침표 구분자(.)를 붙여야 한다.

```
%LET city = 서울 ;
%LET address = &city.시 서초구 반포1동 ;
%PUT &address=;
```

[표 3-18] 매크로 변수 혼합사용 예제-2

```
%LET city = 서울 ;
%LET state = 서초 ;
%LET dong = 반포 ;
%LET address = &city.시 &state.구 &dong.1동 ;
%PUT &address=;
```

[표 3-19] 매크로 변수 혼합사용 예제-3

```
%LET lib = DATAlib;
------------------------------------------------------------
DATA temp;
   SET &lib.emp;
RUN;
```

⇒ 상기 예제를 실행하면, work.datalibemp라는 데이터가 존재하지 않는다는 오류 메시지가 출력된다.

기본적으로 라이브러리와 데이터 사이에는 마침표 구분자(.)가 필요하다. &lib와 emp 사이에 존재하는 마침표 구분자는 매크로변수와 일반 text 사이를 구분하는 구분자이며, 라이브러리와 데이터 사이를 구분하는 구분자가 존재하지 않으므로 &lib는 DATAlib라는 값으로 치환이 되어 DATAlibemp로 번역된 것이다. 위와 같은 경우는 매크로 구분자와 라이브러리와 데이터 사이의 구분자가 두 번 필요할 것이다.

```
%LET lib = DATAlib;
DATA temp;
   SET &lib..emp;
RUN;
```

3.3 주요 매크로 함수

SAS 매크로 함수는 문자형의 값을 조절하고 산술적인 계산을 할 경우, 문장 전체를 매크로 변수로 저장하고자 할 때 특별한 token의 역할을 제한하는 함수 등 여러 가지의 함수가 사용되고 있다. 매크로 함수는 매크로 수행문뿐만 아니라 일반 데이터 스텝 안에서도 자유로이 사용할 수 있다.

하지만 보통은 데이터 스텝 안에서는 일반 함수를 사용하며 매크로 수행문에서 조건문을 사용할 때 주로 매크로 함수를 사용하는 편이다.

3.3.1 문자형 변환

· %UPCASE

지정한 매크로 변수(argument)에 지정된 값(변수명일 경우 변수값이 된다)을 모두 대문자로 치환한다.

%UPCASE(argument)

Gender에 m이라는 값이 매크로 변수로 할당이 되어 있다. 데이터 상에는 gender 변수에 대문자로 값이 들어가 있을 경우 %UPCASE 함수를 활용을 한다.

[표 3-20] %UPCASE 예제-1

```
%LET Gender = m ;
DATA emp;
   SET DATAlib.emp;
   WHERE Gender = "%UPCASE(&gender)";
RUN;
```

[표 3-21] %UPCASE 예제-2

```
%LET Gender = m ;
%LET Gender1 = %UPCASE(&gender);
DATA emp;
   SET DATAlib.emp;
   WHERE Gender = "&gender1";
RUN;
```

· **%LOWCASE**

지정된 매크로 변수의 값을 소문자로 치환한다.

%LOWCASE(argument)

[표 3-22] %LOWCASE 예제

```
%LET Gender = M ;
%LET Gender1 = %LOWCASE(&gender);
%PUT &Gender1=;
```

· **%SUBSTR**

지정한 매크로 변수의 값을 시작 Position을 지정하여 값의 일부분(길이)을 추출한다.

%SUBSTR(argument, position, length)

- argument : 매크로 변수 혹은 일반 Text 문장
- position : 추출 시작 위치(offset)
- length : 추출하려는 값의 길이

♠ argument, position은 필수 입력사항이지만, length는 선택사항이다. 기본값으로 추출 시작위치부터 끝까지 추출한다.

Date에 20050721이라는 값이 매크로 변수로 할당이 되어 있다. 이 때 매크로 변수의 앞 두 자리 값(20)과 Emp 데이터의 변수 emp_id의 앞 두 자리 값을 비교하여 동일한 레코드를 추출해야 할 경우 %SUBSTR 함수를 적용할 수 있다.

[표 3-23] %Substr 예제-1

```
%LET Date = 20050721 ;
----------------------------------------------------------
DATA temp;
   SET DATAlib.emp;
   WHERE SUBSTR(emp_id,1,2) =
         "%SUBSTR(&date,1,2)";
RUN;
```

[표 3-24] %Substr 예제-2

```
%LET Date = 20050721 ;
%LET Date1 = %SUBSTR(&date,1,2);
----------------------------------------------------------
DATA temp;
   SET DATAlib.emp;
   WHERE SUBSTR(emp_id,1,2) = "&date1";
RUN;
```

· %SCAN

지정한 매크로 변수의 값을 주어진 구분자(Delimiters)에 의해 해당 위치의 값을 추출한다.

%SCAN(argument, n, delimiters)

- argument : 매크로 변수 혹은 일반 Text 문장
- n : Delimiters에 의해 구분되는 해당 번호
- delimiters : 구분자

♠ argument, n은 필수 입력 사항이지만, delimiters는 선택사항이다. Default로 간주되는 delimiters는 blank, ., (, &, !, $, *,), ;, -, /, % 이다.

Date에 2000-07-21이라는 값이 매크로 변수로 할당이 되어 있다. 구분자(delimiter) '-'을 기준으로 매크로 변수의 첫 번째 값(2000)과 Emp 데이터의 변수 emp_id의 앞 4자리 값을 비교하여 동일한 값을 추출하는 경우 %scan 함수를 활용할 수 있다.

[표 3-25] %Scan 예제-1

```
%LET Date = 2000-07-21;
-----------------------------------------------------------
DATA temp;
   SET DATAlib.emp;
   WHERE SUBSTR(emp_id,1,4) =
          "%scan(&date,1,'-')";
RUN;
```

[표 3-26] %Scan 예제-2

```
%LET Date = 2000-07-21;
%LET Date1 = %scan(&date,1,'-');
-----------------------------------------------------------
DATA temp;
   SET DATAlib.emp;
   WHERE SUBSTR(emp_id,1,4) = "&date1";
RUN;
```

· %LENGTH

매크로 변수의 값에 대한 길이를 Return 받을 때 사용한다.

%LENGTH(argument)

[표 3-27] %LENGTH 예제

```
%LET Name = Park YT ;
-----------------------------------------------------------
%LET Text = %LENGTH(&Name);
%PUT &Text ;
⇒ 7
%LET Text = %LENGTH(%scan(&Name,2));
%PUT &Text ;
⇒ 2
```

♠ %LENGTH 함수는 argument의 처음과 끝의 공간은 인식하지 않는다. Argument 사이의 공간만 인식한다.

3.3.2 Other Functions

· %SYSFUNC

매크로 변수에 대해 일반 SAS 함수를 적용한 계산이 불가능하다. 매크로에서 사용하려면 반드시 일반 SAS 함수를 매크로 함수로 변환해 주어야 한다.

%SYSFUNC(function(argument) <,format>)

- Function : 사용하려는 SAS 함수
- argument : SAS 함수의 argument이며, optional
- format : SAS 함수의 format이며, optional

오늘 날짜의 값을 매크로 변수에 저장하려는 경우

[표 3-28]
%SYSFUNC 예제-1

```
%LET Val = %SYSFUNC(today(),yymmdd10.);
```

[표 3-29]
%SYSFUNC 예제-2

```
%LET Date = 20050721 ;
%LET Date1 = %SUBSTR(&date,1,4);
%LET Date2 = %SYSFUNC(SUBSTR(&date,1,4));
```

[표 3-30]
%SYSFUNC 예제-3

```
%LET Date = 2005-07-21 ;
%LET Date1 = %scan(&date,2,'-');
%LET Date2 = %SYSFUNC(scan(&date,2,'-'));
```

· %STR

일반 Text 문장을 특별한 Token이나 종료(;)의 의미로 인식하는 것을 막기 위한 역할을 수행한다. 즉, SAS 문장의 종료를 알리는 세미콜론(;) 등의 기호가 포함된 SAS 문장을 문자열로 정의할 때 적용할 수 있다.

%STR(argument)

모든 Text 문장을 매크로 변수로 저장할 경우

[표 3-31] %STR 예제-1

```
인용 WHERE-clause: WHERE age > 30;
%LET subset = %STR(WHERE age > 30;);
```

Text 문장 중에서 특별한 Token을 인용하여 매크로 변수로 저장할 경우이다.

[표 3-32] %STR 예제-2

```
인용 WHERE-clause: WHERE age > 30;
%LET subset
= WHERE age %STR(>) 30 %STR(;);
```

특별한 Token을 매크로 변수로 저장하여 활용하는 경우이다.

[표 3-33] %STR 예제-3

```
인용 WHERE-clause: WHERE age > 30;
%LET q1 = %STR(>);
%LET q2 = %STR(;);
%LET subset
= WHERE age &q1 30 &q2;
```

· %EVAL

산술적인 계산이나 논리적인 계산을 매크로 함수를 통하여 값을 Return 받고자 할 때 활용한다. 단, 산술적인 계산이나 논리적인 계산에 사용되는 값이 정수일 경우에만 가능하다.

%EVAL(Expression)

♠ 논리적인 계산의 경우 True(1), False(0)의 값으로 Return 된다.

[표 3-34] %EVAL 예제-1

```
%LET a1 = 1;
%LET a2 = 2;
%LET Val = %EVAL(&a1 + &a2);
%PUT &Val=;
--------------------------------------------------------
⇒ 3
```

[표 3-35] %EVAL 예제-2

```
%LET a1 = 1;
%LET a2 = 2;
%LET Val = %EVAL(&a1 + &a2=3);
%PUT &Val=;
--------------------------------------------------------
⇒ 1
```

[표 3-36] %EVAL 예제-3

```
%LET a1 = 1;
%LET a2 = 2;
%LET Val = %EVAL(&a1 + &a2=2);
%PUT &Val=;
--------------------------------------------------------
⇒ 0
```

· %SYSEVALF

%EVAL 매크로 함수와 동일한 역할을 수행한다.

단, 산술적인 계산이나 논리적인 계산에 사용되는 값이 정수 이외의 값도 가능하다.

%SYSEVALF(Expression)

[표 3-37] %SYSEVALF 예제-1

```
%LET a1 = 1.1;
%LET a2 = 2.1;
%LET Val = %SYSEVALF(&a1 + &a2);
%PUT &Val=;
--------------------------------------------------------
⇒ 3.2
```

[표 3-38] %SYSEVALF 예제-2

```
%LET a1 = 1;
%LET a2 = 2.2;
%LET Val = %SYSEVALF(&a1 + &a2=3.2);
%PUT &Val=;
--------------------------------------------------------
⇒ 1
```

[표 3-39] %SYSEVALF 예제-3

```
%LET a1 = 1;
%LET a2 = -5.1;
%LET Val = %SYSEVALF(&a1 + &a2=2);
%PUT &Val=;
-----------------------------------------------------------
⇒ 0
```

3.4 매크로 프로그램

매크로 프로그램은 %MACRO로 시작해서 %MEND로 끝나는 기본 구조를 가지고 있다. 그리고 구조 안에 매크로 수행문들을 작성한다. 수행문에는 조건문 및 반복문이 사용되며 일반 데이터 스텝 및 PROC 스텝 역시 사용 가능하다.
또한 파라미터 변경에 의한 동일 반복문의 경우 매크로 프로그램의 파라미터 입력 방법에 따라 길고 복잡한 프로그램이 간단하게 변경 수행될 수 있다.

3.4.1 매크로 프로그램 기본 구조 및 실행

(1) 매크로 기본 구조

[표 3-40] 매크로 기본 구조

```
%MACRO 매크로 명;
   매크로 수행문;
%MEND;
```

- %MACRO 매크로 명
  : SAS naming rule에 유효한 이름 할당
  : 매크로 프로그램 정의 시작
- 매크로 수행문
  : 조건문 및 반복문
  : 일부분의 SAS statement 혹은 완전한 프로그램 Step

  : 매크로 변수, 함수, Statement 적용
- %MEND
  : 매크로 프로그램 정의 종료
  : 매크로 명 반복 사용 가능

[표 3-41] 매크로 기본 구조 예제

```
%MACRO PrintLast;
   PROC PRINT DATA=&SYSLAST (OBS=5);
      title "Last Created DATA Set is &SYSLAST";
   RUN;
%MEND;
```

(2) 매크로 실행

작성된 매크로 프로그램이 compile을 수행하여 에러 없이 수행되었는지 확인하고 해당 매크로 프로그램의 결과를 return 받기 위해 해당 매크로를 실행한다.

[표 3-42] 매크로 실행구조

```
%매크로 명;
```

[표 3-43] 매크로 실행

```
%PrintLast;
------------------------------------------------------------
Partial Log
NOTE: No variables in DATA set WORK._NULL_.
NOTE: PROCEDURE PRINT used:
       real time              0.01 seconds
       cpu time               0.01 seconds
```

(3) 매크로 명으로 사용할 수 없는 이름들

매크로 명으로 SAS naming rule에 유효한 이름은 모두 사용 가능 하지만 SAS 시스템 내에서 미리 보유하고 있는 이름은 사용할 수 없다. 다음은 SAS 시스템 내에서 기 정의된 이름으로 매크로 명으로 사용이 불가능하다.

[표 3-44] Reserved Words

ABEND	ABORT	ACT	ACTIVATE
BQUOTE	BY	CLEAR	CLOSE
CMS	COMANDR	COPY	DEACT
DEL	DELETE	DISPLAY	DMIDSPLY
DMISPLIT	DO	EDIT	ELSE
END	EVAL	FILE	GLOBAL
GO	GOTO	IF	INC
INCLUDE	INDEX	INFILE	INPUT
KEYDEF	LENGTH	LET	LIST
LISTM	LOCAL	매크로	MEND
METASYM	NRBQUOTE	NRQUOTE	NRSTR
ON	OPEN	PAUSE	PUT
QSCAN	QSUBSTR	QSYSFUNC	QUOTE
QUPCASE	RESOLVE	RETURN	RUN
SAVE	SCAN	STOP	STR
SUBSTR	SUPERQ	SYSCALL	SYSEVALF
SYSEXEC	SYSFUNC	SYSGET	SYSRPUT
THEN	TO	TSO	UNQUOTE
UNSTR	UNTIL	UPCASE	WHILE
WINDOW			

♠ 만약, 매크로 명으로 reserved words를 사용한다면 다음과 같은 오류가 발생한다. ERROR: 매크로 SCAN has been given a reserved name.

3.4.2 매크로 파라미터

파라미터를 통한 매크로 수행과 파라미터의 입력방법과 위치에 대해서 설명한다.

[표 3-45] 매크로 파라미터 실행 구조

```
%MACRO 매크로 명(파라미터 리스트);
   text referencing 파라미터 변수들
%MEND;
```

- 매크로 수행문에서 파라미터 리스트의 특성
  : ( )안에서 사용
  : Comma로 구분 사용
  : Null 값, 일반 Text, 매크로 변수, 매크로 문 사용가능

매크로 수행문 앞의 파라미터에 해당하는 값을 매크로 변수로 선언, 저장하여 매크로 프로그램을 작성하는 경우이다.

[표 3-46] 매크로 파라미터 예제 -1

```
%LET Lib = DATAlib;
%LET DATA = emp;
%LET Vars = Age;

%MACRO PrintLast;
   PROC PRINT DATA=&lib..&DATA (OBS=5);
      var &vars;
      title "Created DATA Set is
            %UPCASE(&DATA)";
   RUN;
%MEND;
%PrintLast;
```

매크로 수행문 내에 매크로변수들의 파라미터를 사용하는 경우이다. 매크로를 실행할 때는 지정한 파라미터 순서대로 값을 지정해야 한다. 또한 파라미터는 모두 지정해야한다.

[표 3-47] 매크로 파라미터 예제 -2

```
%MACRO PrintLast(lib,DATA,vars);
   PROC PRINT DATA=&lib..&DATA (OBS=5);
      var &vars;
      title "Created DATA Set is
            %UPCASE(&DATA)";
   RUN;
%MEND;
%PrintLast(DATAlib,emp,age);
```

정의한 매크로를 실행할 때 파라미터 뒤에 "="을 삽입하면 지정한 순서를 반드시 지키지 않아도 된다. 마찬가지로 지정한

파라미터는 모두 지정해야 한다.

[표 3-48] 매크로 파라미터 예제 -3

```
%MACRO PrintLast(lib,DATA,vars);
   PROC PRINT DATA=&lib..&DATA (OBS=5);
      var &vars;
   title "Created DATA Set is %UPCASE(&DATA)";
   RUN;
%MEND;
%PrintLast(lib=DATAlib,vars=age,DATA=emp);
```

매크로를 정의할 때 파라미터의 기본값을 정의할 수 있다. 다만, 매크로를 실행할 때에는 기본값으로 정의하지 않았던 파라미터는 반드시 입력해야 한다.

[표 3-49] 매크로 파라미터 예제 -4

```
%MACRO PrintLast(lib=,DATA=emp,vars=Age);
   PROC PRINT DATA=&lib..&DATA (OBS=5);
      var &vars;
   title "Created DATA Set is %UPCASE(&DATA)";
   RUN;
%MEND;
%PrintLast(lib=DATAlib);
%printLast(lib=DATAlib,vars=Gender);
```

3.4.3 매크로 조건문

매크로 문장 내에서 특정 매크로 변수의 값이나 데이터 값의 비교를 통한 조건 분기가 필요한 경우에 사용되며 일반 데이터 스텝에서 사용되는 조건문과 유사하지만 사용 방법 및 형식과는 다소 차이가 있다.

(1) 매크로 조건문 구조

[표 3-50] 매크로 조건문 구조-1

```
%IF expression %THEN text;
%Else text ;
```

- Expression : 유효한 매크로 표현식
- %Else : Optional

[표 3-51] 매크로 조건문 구조-2

```
%IF expression %THEN %DO;
   statement;
%END;
%Else %DO;
   statement;
%END;
```

주어진 매크로 파라미터의 값을 매크로 함수와 조건문 비교를 통하여 결과를 생성하는 comp 매크로이다.

[표 3-52] 매크로 조건문 예제 -1

```
%MACRO comp(value1,value2);
   %PUT COMPARISON 1: ;
   %IF &value1 NE &value2 %THEN %DO;
      %PUT &value1 is not equal to &value2... ;
   %END;
   %ELSE %DO;
      %PUT &value1 equals to &value2 ...;
   %END;
   %PUT COMPARISON 2: ;
   %LET result = %EVAL(&value1 > &value2);
   %IF &result = 1 %THEN %DO;
      %PUT &value1 > &value2 is true... ;
   %END;
   %ELSE %DO;
      %PUT &value1 > &value2 is false... ;
   %END;
%MEND;
%comp(3,4);
```

① Comp 매크로 실행
② value1과 value2에 3과 4의 값 할당
③ Comparison 1의 조건문 수행
　3과 4의 값 동일 여부 비교
④ 비교문을 통하여 해당 문장 SAS Log에 출력
⑤ result 매크로 변수에 %EVAL 함수를 통한 결과 값 return
⑥ False이므로 result 매크로 변수에 0값 할당

⑦ Comparison 2의 조건문 수행
⑧ 비교문을 통하여 해당 문장 SAS Log에 출력

▶ Emp 데이터를 활용하여 다음의 output을 생성하라.
region과 gender의 dimension 변수를 통하여 해당 데이터의 나이의 평균과 연봉의 평균을 target 테이블에 kubun이라는 dimension 변수를 생성하여 출력하라.
target 테이블은 다음과 같이 생성된다.

VIEWTABLE: Work.Target

	kubun	avg_age	avg_salary
1	강릉	36	4800
2	광주	35	5000
3	대구	26	2000
4	대전	31	3400
5	부산	30	3166,6666667
6	서울	35,4	4660
7	인천	41	5300
8	F	33	4160
9	M	33,555555556	3988,8888889

[표 3-53] 매크로 조건문 예제 -2

```
%LET lib = DATAlib ;
%LET DATA = emp ;

%MACRO chk(var1);
   PROC SQL NOPRINT;
      CREATE TABLE &var1 as
      SELECT &var1 AS kubun,
             AVG(age) AS avg_age,
             AVG(salary) AS avg_salary
      FROM &lib..&DATA
      GROUP BY &var1;
   QUIT;
   %IF ^%SYSFUNC(exist(target)) %THEN %DO;
      DATA target; SET &var1;
      RUN;
   %END;
   %ELSE %DO;
      DATA target; SET target &var1;
      RUN;
   %END;
%MEND;

%chk(region);
%chk(gender);
```

① Chk 매크로 수행
② var1의 매크로 파라미터에 region 값 할당
③ region을 그룹 변수로 하여 나이와 연봉의 평균 산출
④ 조건문을 통한 target 테이블의 존재 유무 파악
⑤ 만약 target 테이블이 존재하지 않으면 데이터 생성
⑥ 만약 존재하면 target 테이블에 해당 테이블 set
⑦ var1의 매크로 파라미터에 gender 값 할당
⑧ 상기 과정 반복

▶ 자동 매크로 변수 SYSLAST를 활용하여 가장 최근에 생성된 데이터 존재 시 매크로 조건문에 해당하는 문장을 출력하고 그렇지 않을 경우 해당하는 문장을 출력하라.

[표 3-54] 매크로 조건문 예제 -3

```
%MACRO PrintLast;
   %IF %UPCASE(&SYSLAST)=_NULL_
        %THEN %DO;
      %PUT "No DATA Set Created Yet.";
   %END;
   %Else %DO;
      %PUT "Last Created DATA Set is &SYSLAST";
   %END;
%MEND;

%PrintLast;
```

(2) %IF-%THEN vs. IF-THEN

[표 3-55] 조건문 비교

%IF - %THEN	IF - THEN
매크로에서만 사용 가능	DATA 스텝 내에서만 사용
매크로 프로그램이 수행하는 동안 실행	DATA Step 프로그램이 수행하는 동안 실행
논리적인 계산에 적용 불가	논리적인 계산에 사용 가능
매크로 프로그램은 수행하는 동안 Input Stack에 복사	바로 실행

3.4.4 매크로 반복문

매크로 수행문에서 반복적으로 프로그램 코드를 사용할 경우에 해당 형식에 맞게 사용되며 매크로 프로그램에서 가장 흔하게 적용되는 경우이다.

[표 3-56] 매크로 반복문 구조

```
%DO variable = start %TO stop %BY increment;
   statement-1;
   statement-2;
%END;
```

- 매크로 반복문은 정의된 매크로 수행문에서만 유효
- Start, Stop, Increment는 정수만 사용 가능
- %BY 문은 Optional (Default : 1)

[표 3-57] 매크로 반복문 예제-1

```
%MACRO Prt;
   %DO I=1 %TO 10;
      %PUT "This Looping is &i th Looping";
   %END;
%MEND;

%Prt;
```

Prt 매크로를 수행하면 해당 반복문에서 1부터 10까지 반복 수행을 하면서 해당 출력 문장의 매크로 변수값만 변경이 되도록 출력된다.

[표 3-58] 매크로 반복문 예제-2

```
%MACRO Prt(start,stop,incr);
   DATA temp;
      %DO I=&start %TO &stop %BY &incr;
         value = &i;
         output;
      %END;
   RUN;
%MEND;

%Prt(100,1006,2);
```

해당 반복문의 시작과 끝, 증감의 매크로 파라미터를 통하여 value 값에 해당 매크로 변수의 값이 변경이 되면서 temp 데이터에 출력이 된다.

▶ Emp 데이터의 총 record 개수를 매크로 변수로 할당하여 emp 데이터를 record 개수만큼 set을 하여 emp1의 데이터를 생성하라.

[표 3-59] 매크로 반복문 예제-3

```
%LET Lib = DATAlib;
%LET DATA = emp;
PROC SQL NOPRINT;
   SELECT count(*) INTO : cnt
   FROM &lib..&DATA;
QUIT;
%MACRO MakeDATA;
   %DO I=1 %TO &Cnt;
      %IF &i=1 %THEN %DO;
         DATA emp1;
            SET &lib..&DATA;
         RUN;
      %END;
      %Else %DO;
         DATA emp1;
            SET emp1 &lib..&DATA;
         RUN;
      %END;
   %END;
%MEND;

%MakeDATA;
```

① Emp 데이터의 총 record 개수를 cnt 매크로 변수에 할당
② Cnt 매크로 변수에 14값 할당
③ MakeDATA 매크로 수행
④ 1부터 14까지의 반복문 수행
⑤ 매크로 변수 I에 1 값 할당 및 매크로 변수 I 값과 1값 비교문 수행
⑥ True일 경우 emp1 테이블 생성

⑦ 매크로 변수 I에 2 값 할당 및 비교문 수행
⑧ False일 경우 emp1 테이블에 emp 테이블 set
⑨ 상기 과정 반복

▶ Varlist 데이터에는 emp 데이터에서 발췌한 디멘전 변수가 저장되어 있다. 변수목록별로 나이와 연봉의 평균을 계산하여 emp1 테이블을 생성하라. kubun이라는 변수에는 해당 변수 목록을 할당하라.

[표 3-60] 매크로 반복문 예제-4

```
%LET Lib = DATAlib;
%LET DATA1 = emp;
%LET DATA2 = varlist;
%MACRO makeDATA;
   PROC SQL NOPRINT;
      SELECT COUNT(*) INTO : cnt
      FROM &lib..&DATA2;
   QUIT;
   %DO i=1 %TO &cnt;
      DATA _NULL_;
         SET &lib..&DATA2(FIRSTOBS=&i OBS=&i);
         CALL SYMPUT('var',name);
      RUN;
      PROC SQL;
         CREATE TABLE &var as
         SELECT "&var" AS kubun LENGTH=10,
                &var AS kubun1 LENGTH=10,
                AVG(age) AS avg_age,
                AVG(salary) AS avg_salary
         FROM &lib..&DATA1
         GROUP BY &var;
      QUIT;
     %IF &i=1 %THEN %DO;
         DATA emp1; SET &var; RUN;
      %END;
      %ELSE %DO;
         DATA emp1; SET emp1 &var; RUN;
      %END;
   %END;
%MEND;

%makeDATA;
```

① Varlist 데이터의 record 개수 cnt 매크로 변수에 할당
② Cnt 매크로 변수만큼 반복문 수행
③ Varlist 데이터에서 매크로 변수의 I번째 name 값을 매크로 변수 var에 할당
④ Var변수를 그룹변수로 하여 나이와 연봉 평균 산출
⑤ 첫 번째의 경우 emp1 데이터 생성
⑥ 두 번째 I의 값 반복문 수행 및 상기 과정 반복
⑦ 최종 emp1 데이터 생성

[표 3-61] 매크로 반복문 예제-5

```
%MACRO makeDATA(para);
      PROC SQL;
         CREATE TABLE &para as
         SELECT "&para" AS kubun length=10,
                &para AS kubun1 length=10,
                AVG(age) AS avg_age,
                AVG(salary) AS avg_salary
         FROM &lib..&DATA1
         GROUP BY &para;
      QUIT;
      %IF ^%SYSFUNC(EXIST(emp1)) %THEN
         %DO;
         DATA emp1; SET &var; RUN;
      %END;
      %ELSE %DO;
         DATA emp1; SET emp1 &var; RUN;
      %END;
%MEND;
%MACRO param;
   PROC SQL NOPRINT;
      SELECT count(*) INTO : cnt
      FROM &lib..&DATA2;
   QUIT;
   %do i=1 %to &cnt;
      DATA _null_;
         SET &lib..&DATA2(FIRSTOBS=&i OBS=&i);
         CALL SYMPUT('var',name);
      RUN;
      %makeDATA(&var);
   %END;
%MEND;

%param;
```

예제-4를 서브 매크로로 생성하여 메인 매크로를 호출하는 형식으로 작성하여 또 다른 매크로 반복문을 적용하였다.

3.5 매크로 수행 Options

매크로 수행문을 실행할 때 사용하는 시스템 Options이다. 산술계산이나 논리계산의 작업 정보 결과를 보여주며 해당 매크로 코드의 치환된 값을 SAS log 창에 출력해 준다. 매크로 수행문을 작성 후 문법상의 오류나 실행상의 오류를 디버깅하는데 유용하게 사용되는 options에 대해 설명한다.

3.5.1 매크로 Monitoring

(1) MPRINT / NOMPRINT

매크로 수행문의 실행 결과로서 SAS Compiler에 전해지는 결과 Text를 보여준다.

[표 3-62] MPRINT/NOMPRINT 구조

```
Options MPRINT;
Options NOMPRINT;
```

- Default Setting : NOMPRINT

[표 3-63] MPRINT / NOMPRINT 예제

```
Options MPRINT;
%MACRO PrintLast(start, stop, incr);
   DATA temp;
      %DO I=&start %TO &stop %BY &incr;
         value = &i; OUTPUT;
      %END;
   RUN;
%MEND;

%PrintLast(100,104,2);
```

[표 3-64] MPRINT / NOMPRINT 예제-로그

```
MPRINT(PRINTLAST):   DATA temp;
MPRINT(PRINTLAST):   value = 100;
MPRINT(PRINTLAST):   output;
MPRINT(PRINTLAST):   value = 102;
MPRINT(PRINTLAST):   output;
MPRINT(PRINTLAST):   value = 104;
MPRINT(PRINTLAST):   output;
MPRINT(PRINTLAST):   RUN;
```

(2) MLOGIC / NOMLOGIC

매크로 수행문의 시작과 종료에 대한 정보와 함께 매크로 processor에 대한 결과를 출력해준다.

[표 3-65] MLOGIC/NOMLOGIC 구조

```
Options MLOGIC;
Options NOMLOGIC;
```

- Default Setting : NOMLOGIC

[표 3-66] MLOGIC / NOMLOGIC 예제

```
Options MLOGIC;
%MACRO PrintLast(start, stop, incr);
   DATA temp;
      %DO I=&start %TO &stop %BY &incr;
         value = &i;
         OUTPUT;
      %END;
   RUN;
%MEND;
%PrintLast(100,106,2);
```

[표 3-67] MLOGIC / NOMLOGIC 예제-로그

```
MLOGIC(PRINTLAST):  Beginning execution.
MLOGIC(PRINTLAST):  파라미터 START has value 100
MLOGIC(PRINTLAST):  파라미터 STOP has value 106
MLOGIC(PRINTLAST):  파라미터 INCR has value 2
MLOGIC(PRINTLAST):  %DO loop beginning; index variable I; start value is 100; stop value is 106; by value is 2.
MLOGIC(PRINTLAST):  %DO loop index variable I is now 102; loop will iterate again.
MLOGIC(PRINTLAST):  %DO loop index variable I is now 104; loop will iterate again.
MLOGIC(PRINTLAST):  %DO loop index variable I is now 106; loop will iterate again.
MLOGIC(PRINTLAST):  %DO loop index variable I is now 108; loop will not iterate again.
```

3.5.2 Options to Display 매크로 변수

SAS Log에 매크로 변수의 값을 Display 해주는 %PUT과는 또 다른 하나의 방법이다.

[표 3-68] SYMBOLGEN 구조

```
Options SYMBOLGEN;
Options NOSYMBOLGEN;
```

- Default Setting : NOSYMBOLGEN

[표 3-69] SYMBOLGEN 예제

```
Options SYMBOLGEN;
%MACRO PrintLast(start, stop, incr);
   DATA temp;
      %DO I=&start %TO &stop %BY &incr;
         value = &i;
         OUTPUT;
      %END;
   RUN;
%MEND;
%PrintLast(100,106,2);
```

[표 3-70]
SYMBOLGEN
예제-로그

```
SYMBOLGEN: 매크로 variable START resolves to 100
SYMBOLGEN: 매크로 variable STOP resolves to 106
SYMBOLGEN: 매크로 variable INCR resolves to 2
SYMBOLGEN: 매크로 variable I resolves to 100
SYMBOLGEN: 매크로 variable I resolves to 102
SYMBOLGEN: 매크로 variable I resolves to 104
SYMBOLGEN: 매크로 variable I resolves to 106
```

chapter 04

Table 집계

Table 집계를 위한 프로시저들을 소개한다. SQL을 통해 기본적인 데이터 집계가 가능하지만 본장에서 소개하는 프로시저를 이용하면 간편하게 데이터집계 및 요약을 수행할 수 있다. 대표적인 프로시저는 FREQ와 TABULATE이다. MEANS 프로시저도 데이터를 집계하기 위해 활용된다.

FREQ 프로시저는 주로 분할표(교차 테이블)에 근거한 데이터 집계에 자주 활용되고, TABULATE 프로시저는 데이터셋의 변수들로 테이블 형태의 기술통계량을 출력하기 위해 활용된다. 특히, FREQ는 분할표의 상세 통계량까지 지원하며 TABULATE는 아주 단순한 형태의 테이블에서 매우 복잡한 형태의 테이블까지 다양한 기술통계량의 집계가 가능하다.

MEANS/SUMMARY 프로시저는 주로 리포트 작성을 위한 데이터 요약을 위해 자주 이용된다.

4.1 MEANS 프로시저

각 변수들의 기술통계량을 구하는 프로시저이다. 즉 평균, 분산, 표준편차, 최대값, 최소값, 범위, 자승합, 표준오차 등을 구할 수 있다. 또한, 계산된 기술통계량을 새로운 데이터세트로 저장할 수 있다. 특히, SUMMARY 테이블의 작성 시에 이용되는 프로시저이다. 결과의 출력이 가능하다는 것 이외에는 PROC SUMMARY와 동일하다.

4.1.1 기본 사용법

MEANS 프로시저의 기본 사용 문법은 다음과 같다.

[표 4-1] MEANS 프로시저

```
PROC MEANS 선택사항 옵션-1;
        VAR 변수명;
        BY 변수명;
        CLASS 변수명 옵션-2;
        FREQ 변수명;
        WEIGHT 변수명;
        ID 변수명;
        OUTPUT OUT=데이터셋 Keyword=변수명;
RUN;
```

· MEANS 프로시저에 적용되는 각 문장의 역할은 다음과 같다.

- BY 변수명 : 부 그룹별로 기술 통계량이 계산되면 BY 변수값별로 집계 결과가 반복되어 출력된다.
  (단, By 변수는 반드시 정렬되어 있어야 한다.)
- CLASS 변수명 : 부 그룹별로 기술통계량을 구하고자 할 때 부 그룹을 지정. CLASS 문은 BY 문과 그 기능이 거의 같으나 각 집계된 결과가 CLASS 변수값으로 구분되어 출력된다.
- FREQ 변수명 : Var 변수 각각의 관측치에 대한 빈도를 의미하는 숫자변수를 정의
- WEIGHT 변수명 : Var 변수에 대한 가중치를 의미하는 숫자변수를 정의
- ID 변수명 : 결과 데이터셋에 변수를 추가. 그룹의 최소값을 갖는 ID 변수의 값 제시
- OUTPUT OUT=데이터셋 keyword=변수명 : 분석 결과 통계치를 새로운 데이터셋으로 생성한다. OUT=데이터셋을 입력하지 않은 경우 DATAn이란 이름으로 데이터셋이 생성. 구하고자하는 통계치를 option으로 지정

· [옵션-1] MEANS 프로시저의 각 옵션은 다음과 같다.

- ALPHA=값 : 평균의 신뢰구간을 계산하기 위한 유의수준을

지정(기본값은 .05)

- DATA=데이터셋 : 기초통계량을 산출할 데이터셋을 지정
- NOPRINT : 결과물을 출력시키지 않는다.
- MAXDEC=N : 출력결과의 소수 자리수를 지정
- MISSING : 결측치를 갖는 분류변수에서 결측치의 관측치들에 대한 분석 여부 지정
- VARDEF=DF, WGT, N, WDF(DEFAULT=DF)
- 통계량 Keyword

.CLM : 신뢰구간

.CSS : 수정된 자승합

.CV : 변동계수

.KURTOSIS|KURT : 첨도

.LCLM : 하한 신뢰구간

.MAX : 최대값

.MEAN : 평균

.MIN : 최소

.N : 관측치 수

.NMISS : Missing 관측치 수

.MEDIAN : 중위수

.PROBT : t통계량 유의확률

.RANGE : 범위

.SKEWNESS|SKEW : 왜도

.STDDEV|STD : 표준편차

.STDERR : 표준오차

.SUM : 합

.UCLM : 상위 신뢰구간

.USS : 수정 안 된 자승합

.VAR : 분산

.Q3(1-4) : 사분위수

.QRANGE : 사분위 범위

.T : t통계량

· [옵션-2] CLASS에 사용되는 옵션은 다음과 같다.

- ASCENDING(DESCENDING) : Class 변수 그룹의 오름차순(내림차순)으로 정렬
- MISSING : class 변수의 결측치도 분석에 그룹으로 포함하여 분석

· [keyword=변수명] OUTPUT OUT에 사용되는 keyword는 다음과 같다.

- N : 관측치수
- MEAN : 평균
- STD : 표준편차
- MIN : 최소값
- MAX : 최대값
- RANGE : 범위
- SUM : 합계
- VAR : 분산
- USS : 비 수정 자승합
- CSS : 수정된 자승합
- STDERR : 표준오차
- CV : 변이계수
- T : t통계량
- PRT : t통계량 유의확률
- SUMWGT : 가중치 합
- NMISS : missing value의 개수

4.1.2 MEANS 예제

Emp 데이터셋으로 salary 변수의 기초통계량을 산출한다. 기본값으로 데이터개수(결측치 제외), 평균, 표준편차, 최소값, 최대값의 5개 통계량이 출력된다.

[표 4-2] MEANS 프로시저 코드 예제-1

```
PROC MEANS DATA=datalib.emp;
  VAR salary;
RUN;
```

[표 4-3] MEANS 프로시저 결과 예제-1

```
                    분석 변수 : Salary

      평균값          표준편차          최소값           최대값
  ------------------------------------------------------------
      4050.00          1241.43          2000.00          5500.00
  ------------------------------------------------------------
```

성별에 따른 Salary 평균의 95% 신뢰구간을 계산하기 위한 코드이다. ALPHA는 유의수준이고 LCLM은 신뢰하한, UCLM은 신뢰상한을 계산하여 출력한다.

[표 4-4] MEANS 프로시저 코드 예제-2

```
PROC MEANS DATA=datalib.emp
        ALPHA=0.05 MEAN STD LCLM UCLM;
  VAR salary;
  CLASS gender;
RUN;
```

[표 4-5] MEANS 프로시저 결과 예제-2

```
                         분석 변수 : Salary

          관측치                          평균에 대한95%    평균에 대한95%
gender     수      평균값      표준편차       신뢰하한            신뢰상한
------------------------------------------------------------------------
F          5      4160.00      1441.53        2370.11             5949.89
M          9      3988.89      1205.66        3062.14             4915.64
------------------------------------------------------------------------
```

성별의 각 그룹별 Salary 기초통계량을 소수점 자릿수 2자리(MAXDEC=2)로 출력하기 위한 예제이다. 이때 성별에 따라 기초통계량 테이블이 2회 반복된다. 또한 기초통계량의 산출 이전에 성별에 대해 반드시 정렬되어 있어야 한다.

[표 4-6] MEANS 프로시저 코드 예제-3

```
PROC SORT DATA=datalib.emp;
   BY gender;
RUN;
PROC MEANS DATA=datalib.emp MAXDEC=2;
   VAR salary;
   BY gender;
RUN;
```

[표 4-7] MEANS 프로시저 결과 예제-3

```
--------------------------- gender=F
                        분석 변수 : Salary
N        평균값        표준편차        최소값        최대값
----------------------------------------------------------------
5       4160.00       1441.53        2000.00       5500.00
----------------------------------------------------------------

--------------------------- gender=M
                        분석 변수 : Salary
N        평균값        표준편차        최소값        최대값
----------------------------------------------------------------
9       3988.89       1205.66        2300.00       5500.00
----------------------------------------------------------------
```

성별에 따른 Salary의 기초통계량 Max, Min, Mean, Std, Prt, Range를 갖는 데이터셋을 생성한다. 출력결과는 생략하고 데이터셋만을 생성한다. 이때 통계량의 이름을 부여하지 않는 경우에는 첫 번째 통계량(max)만 분석변수와 동일한 이름(salary)으로 변수가 생성된다. 따라서 "통계량=" 뒤에 이름을 부여해야만 지정한 통계량을 모두 변수로 담을 수 있다.

[표 4-8] MEANS 프로시저 코드 예제-4

```
PROC MEANS means DATA=datalib.emp NOPRINT;
  VAR salary;
  CLASS gender;
  ID emp_id;
  OUTPUT OUT=M_salary
       MAX=maximum  MIN=minimum
       MEAN=mean  STD=std
       PRT=prob RANGE=range;
RUN;
```

자동으로 생성되는 변수들은 _TYPE_과 _FREQ_이다.
TYPE 변수는 CLASS 문장에 의해 그룹이 지정된 경우 계층구조를 나타내기 위한 변수이다. 전체 요약인 경우 0, 처음 지정한 그룹변수에 대한 요약이 1, 두 번째 지정한 그룹변수에 대한 요약이 2, 두 변수들 간의 조합의 순으로 번호가 기록된다. _FREQ_는 결측치를 제외한 데이터개수이다.
따라서 _TYPE_ 변수를 이용하여 그룹변수 별 요약 통계량 데이터를 추출하여 2차적 데이터 변환에 이용할 수 있다.

[그림 4-1] MEANS 프로시저 결과 예제-4

VIEWTABLE: Work.M_salary

	gender	emp_id	_TYPE_	_FREQ_	maximum	minimum	mean	std	prob	range
1		20050311-S-99	0	14	5500	2000	4050	1241,4	17E-9	3500
2	F	20050311-S-99	1	5	5500	2000	4160	1441,5	0,003	3500
3	M	20040809-C-77	1	9	5500	2300	3989	1205,7	898E-8	3200

4.2 FREQ 프로시저

FREQ 프로시저는 1-차원에서 n-차원의 분할표를 생성하고 기술통계량을 출력한다. n-차원의 분할표는 2-차원 테이블을 기준으로 확장이 가능하다. 즉, 2-차원 테이블에 By 그룹을 적용한 것과 같은 출력 결과가 생성된다. 2-차원 테이블의 출력 시에는 동질성 검증, 연관성척도 등의 다양한 통계량들을 계산해 준다. 주요 출력 통계량은 다음과 같다.
- 카이제곱 통계량과 검정 통계량
- 연관성 척도들과 검정 통계량
- 2x2 테이블에 대한 리스크 척도들
- 2x2 테이블에 대한 오즈비
- 추이 검증
- 일치성 통계량
- Cochran-Mantel-Haenszel 통계량

FREQ 프로시저의 기본 사용 문법은 다음과 같다.

[표 4-9] FREQ 프로시저 문법

```
PROC FREQ 옵션-1;
   TABLES 테이블 / 옵션-2;
   WEIGHT 변수;
   BY <DESCENDING> 정렬변수;
   EXACT 통계량 / 옵션-3;
   OUTPUT OUT=데이터셋 통계량;
   TEST 통계량;
RUN;
```

· FREQ 프로시저에 적용되는 각 문장의 역할은 다음과 같다.
- TABLES : 교차 테이블의 정의
- WEIGHT : 각 관찰치의 가중치
- BY : 그룹별 각 교차테이블 작성
- EXACT : Exact Test 대상 통계량
- OUTPUT : 통계량의 저장
- TEST : 근사통계량

· [옵션-1] FREQ 프로시저의 각 옵션은 다음과 같다.
- DATA= : 분할표 작성할 데이터셋 이름

- NOPRINT : 출력내용 생략
- ORDER= : 출력 순서 지정
  .DATA : 데이터의 순서로 정렬
  .FORMATTED : FORMAT 정의대로 정렬
  .FREQ : 빈도 순서로 정렬
  .INTERNAL : 원 데이터대로 정렬
- PAGE : 1페이지씩 출력
- COMPRESS : 출력 페이지에 맞추기
- FORMCHAR(위치 번호)= : 셀 구분자 정의
  .1 : 세로 선(|)
  .2 : 가로 선(-)
  .7 : 교차 선(+)
  [예] FORMCHAR(2,7)='2D7C'x
  ▶ 실선으로 테이블을 출력한다.

· **[옵션-2] TABLES에 사용되는 옵션은 다음과 같다.**
- NOFREQ : 빈도의 출력을 생략
- NOROW : 행 비율의 출력을 생략
- NOCOL : 열 비율의 출력을 생략
- NOPERCENT : 전체 비율의 출력을 생략
- NOCUM : 누적값의 출력을 생략
- CUMCOL : 행의 누적 비율을 열 끝에 출력
- CHISQ : 카이제곱 통계량 출력
- FISHER : Fisher's Exact 통계량 출력
- CELLCHI2 : 셀 카이제곱 값을 출력
- DEVIATION : (빈도/기대 빈도) 출력
- NOPRINT : 값의 출력을 생략
- OUT : 출력 결과를 데이터셋으로 저장
  ▶ 빈도(COUNT)와 전체 비율(PERCENT)이 저장된다.
- OUTPCT : 행 비율과 열 비율의 저장
- OUTEXPECT : 기대 빈도를 저장
- MISSING : 결측값을 제외

- MISSPRINT : 결측값을 포함
- ALL : 모든 통계량 출력

· **Table 작성 방법**

Tables 문장의 표현방법은 다음과 같다. 다차원의 테이블은 "*"를 이용하여 작성한다. "*"를 중심으로 좌측은 종축(행), 우측은 횡축(열)이 된다. 기본적으로 배분법칙과 결합법칙이 적용된다.

[표 4-10] FREQ의 Table 작성 방법

표현 방법	설 명
TABLE A	A의 단순빈도표
TABLE A*B	A, B의 2차원 빈도표
TABLE A*B*C	A의 Value에 따른 B*C
TABLE A*(B C)	A*B, A*C
TABLES (A B)*(C D)	A*C B*C A*D B*D
TABLES A--C	A B C
TABLES (A--C)*D	A*D B*D C*D
TABLES A--C*D	에러

4.2 TABULATE 프로시저

TABULATE 프로시저에서는 다양한 기술통계량들을 계산하고 출력한다. MEANS 프로시저에서 제공하는 기술통계량들과 FREQ에서 제공되는 비율들을 출력해 준다. 이 프로시저는 다음과 같은 특징을 가진다.

- 테이블 집계의 강력한 기능을 가지면서 단순하다.
- 변수들 간의 계층구조 생성이 매우 유연하다.
- 제공되는 통계량의 출력형식이 다양하다.

4.2.1 데이터분석 (테이블)

데이터분석 솔루션은 프로젝트 형태의 분석의 이력관리는 물론 수행한 기능에 대한 SAS 코드를 생성해 준다. 생성된 SAS 코드를 활용하여 복잡한 형태의 분석 및 사용자가 임의로 코드를 수정하여 다른 형태의 분석을 수행할 수 있도록 도와준다.

따라서 기본적인 문법에 대한 이해가 없을 경우 데이터분석 솔루션을 이용하여 분석을 수행한 후 생성된 SAS 코드를 이용하여 재분석하는 것이 좋다.

데이터분석 솔루션의 데이터 집계 메뉴는 Tabulate 프로시저를 이해하기 용이하다. 메뉴의 솔루션 > 분석 > 데이터분석을 호출한다. 솔루션에서 "파일 메뉴 > SAS 이름으로 열기"를 차례로 클릭한다. emp 데이터를 선택한다. 다음과 같은 데이터분석 솔루션 화면을 확인한다.

[그림 4-2] 데이터분석 솔루션 (EMP 데이터 호출)

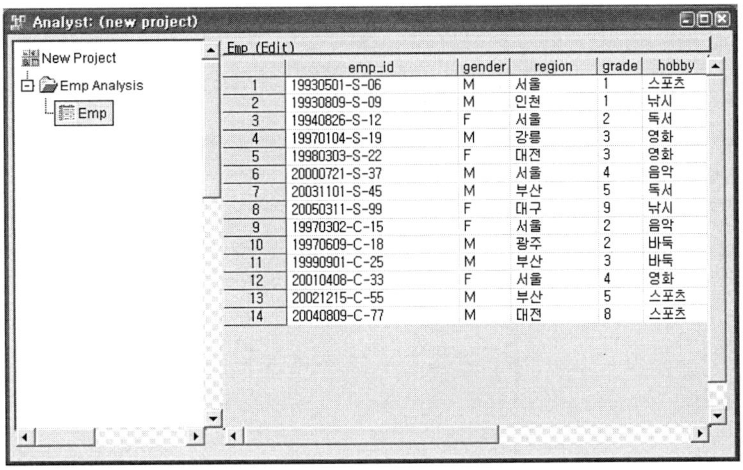

데이터분석 솔루션의 데이터집계 기능을 호출하기 위해 "리포트 > 테이블"을 차례로 클릭한다. 데이터 집계 기능은 크게 5가지 스타일로 제공된다.

[그림 4-3] 테이블 집계

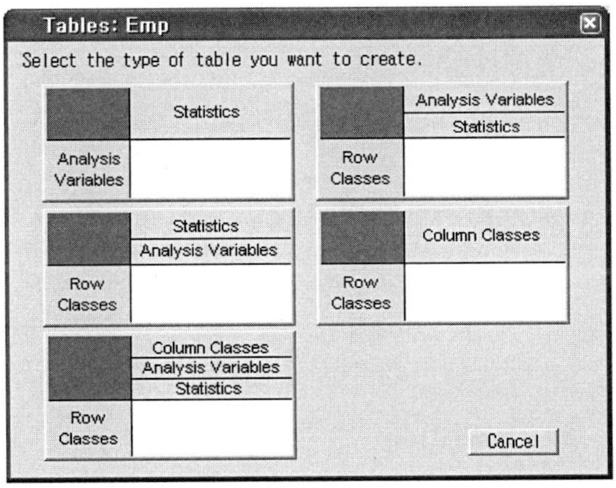

끝에 있는 스타일은 앞의 4개 스타일을 모두 포괄한다. 행, 열, 분석변수에 대한 데이터집계를 지원한다. 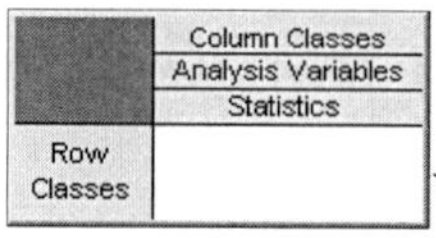

을 클릭한다. 다음과 같이 각 행, 열, 분석변수, 통계량을 선택할 수 있는 대화상자가 출력된다. 열(Column Classes), 분석변수(Analysis Vars), 통계량(Stats), 행(Row Classes), 설정 결과(Summary)의 모두 5개 탭으로 구성되어 있다. 설정하는 부분은 화면 하단의 테이블에서 노란색 음영으로 표시되어 설정이 편리하다. 또한 화면 우측 하단의 "Options" 버튼을 이용하여 출력 결과에 대한 상세설정이 가능하다.

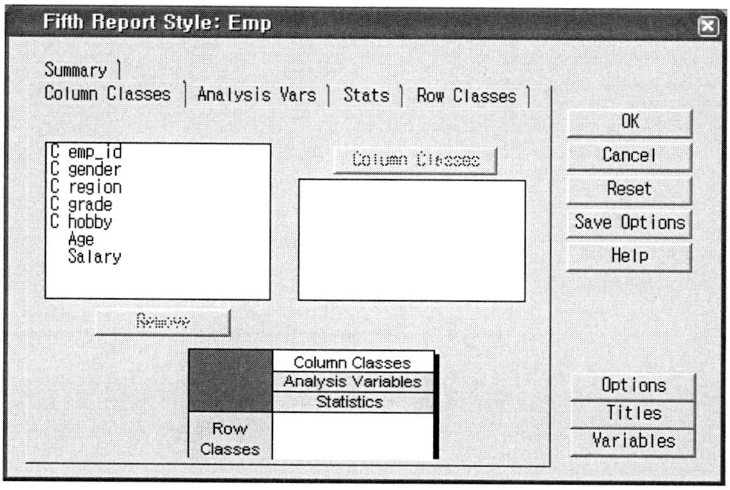

[그림 4-4]
데이터분석 솔루션의 테이블 집계

각각 다음과 같이 설정해 본다.

-열 : Gender

-행 : Grade, Hobby

-분석변수 : Salary

-통계량 : N, SUM, Mean

설정된 결과는 "Summary" 탭을 클릭하여 확인한다.

제공되는 통계량은 모두 12개로 N, PCTN, NMISS, SUM, PCTSUM, MEAN, MEDIAN, MIN, MAX, STD, VAR, STDERR이다. 이 통계량들은 모두 선택이 가능하다.

[그림 4-5] 테이블 집계 Summary

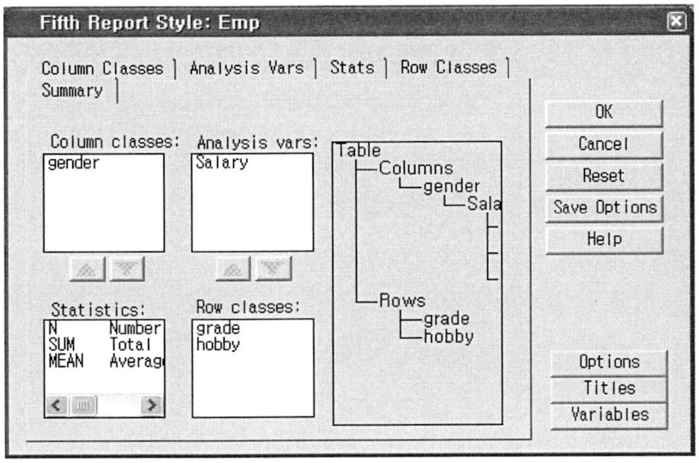

"옵션" 버튼을 클릭하여 출력 시 적용되는 상세 옵션 대화상자를 호출한다. 모두 4개의 탭으로 구성되어 있다. 각 탭의 역할은 다음과 같다.

-General : Total 출력 및 정렬 방법 설정

행과 열의 Summary 여부 및 위치 설정, 각 Summary 변수의 Label 설정, 열 제목의 크기 설정(31), 각 셀의 기본 포맷(소수점 2자리), 출력 값의 정렬 방법(기본값 : 정렬)

[그림 4-6] Table 옵션 (General)

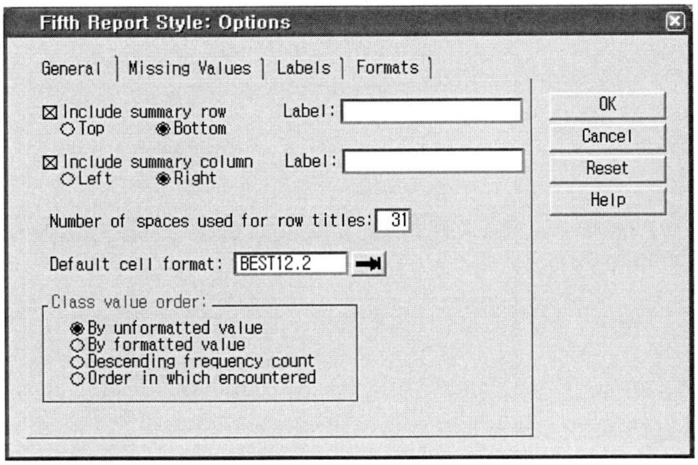

-Missing Values: 결측값에 대한 테이블 처리 방법 설정

결측치를 하나의 값으로 처리, 각 테이블 조합에서 비어 있는 헤더는 삭제, 결측값에 대한 Label

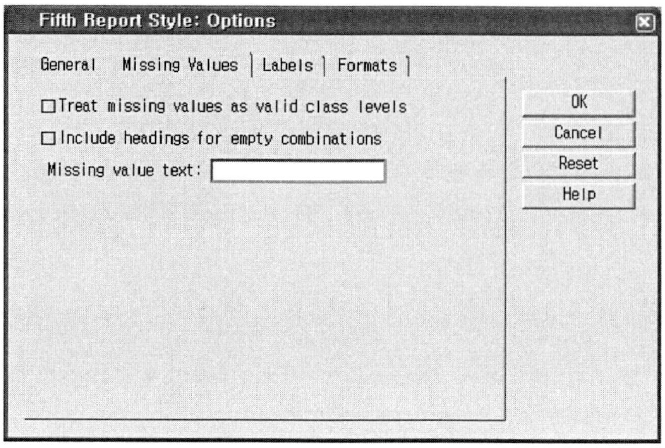

[그림 4-7] Table 옵션 (Missing Values)

-Labels : 각 분석결과에 대한 Label 설정

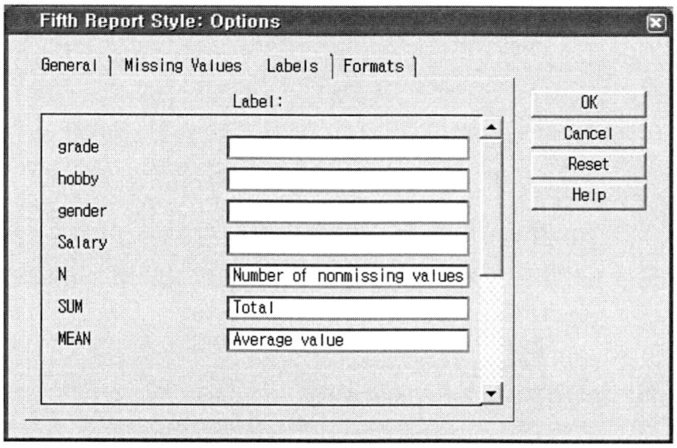

[그림 4-8] Table 옵션 (Labels)

-Formats : 출력 결과의 자릿수 설정

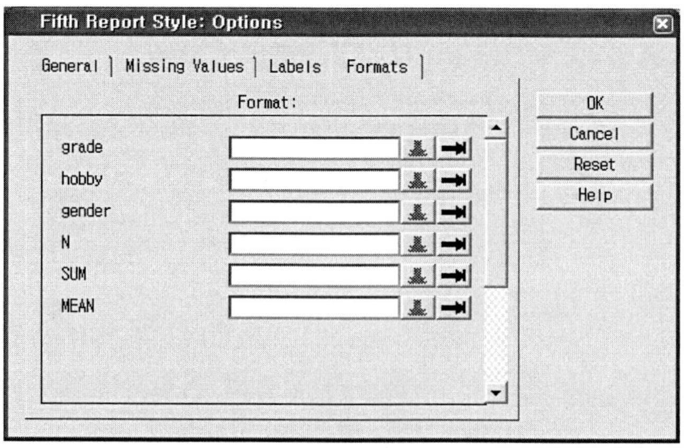

[그림 4-9] Table 옵션 (Formats)

출력되는 분석변수 및 통계량들에 대한 출력 자릿수 지정한다. MEAN의 우측에 있는 화살표를 클릭하면 상세한 FORMAT을 설정할 수 있다.

[그림 4-10] Table 옵션 (Formats-상세)

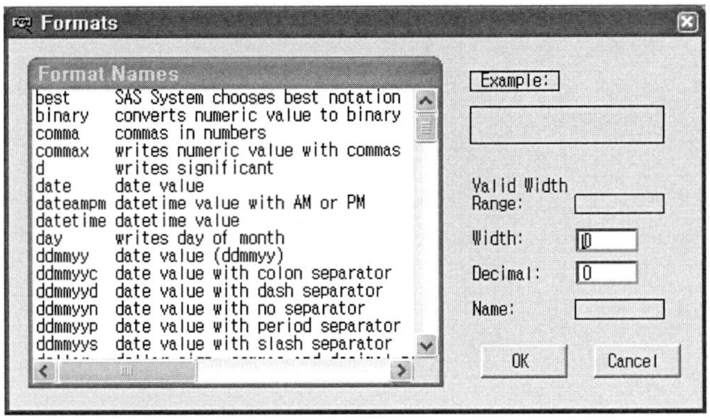

데이터분석 솔루션의 프로젝트에는 SAS 코드가 생성된다. "CODE"를 더블 클릭하면 SAS 코드를 볼 수 있다. "편집 > 프로그램 편집기에 복사" 메뉴를 클릭하면 프로그램 편집기에 SAS 코드가 복사된다.

[그림 4-11] Table 집계 (SAS 코드)

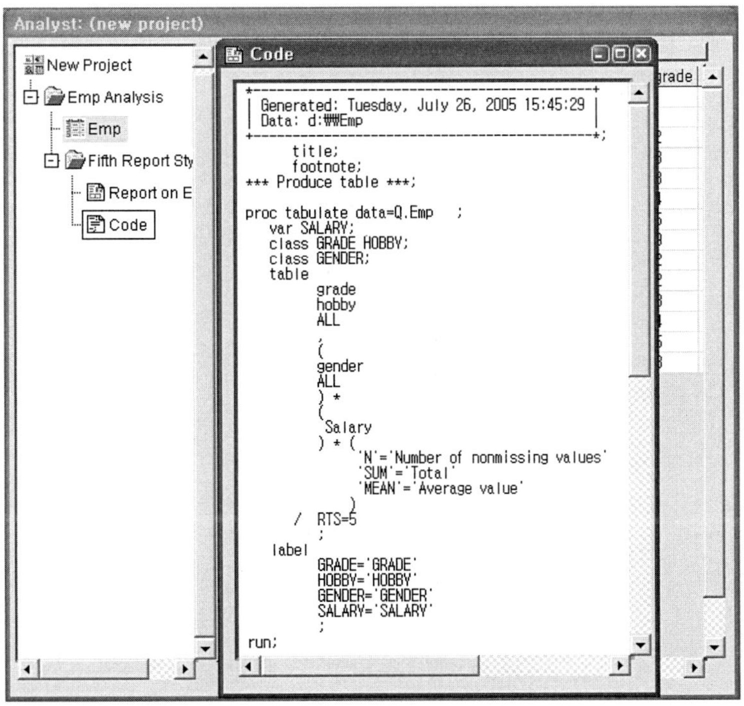

[표 4-11] TABULATE 예제 (SAS 코드)

```
PROC TABULATE DATA=Q.Emp;
   VAR salary;
   CLASS grade hobby gender;
   TABLE grade hobby ALL, (gender ALL) * (salary)
     * (
        'N'    ='Number of nonmissing values'
        'SUM'  ='Total'
        'MEAN'='Average value'
        ) / RTS=5;
   LABEL grade='GRADE'     hobby='HOBBY'
          gender='GENDER'   salary='SALARY'
RUN;
```

4.2.2 기본 사용법

TABULATE 프로시저의 기본 사용 문법은 다음과 같다.

[표 4-12] TABULATE 프로시저 문법

```
PROC TABULATE 옵션-1;
   CLASS 카테고리 변수;
   VAR 분석 변수;
   TABLE 테이블 / 옵션-2;
   WEIGHT 변수;
   FREQ 변수;
   BY <DESCENDING> 정렬변수;
   KEYLABEL 키워드="설명";
   KEYWORD 키워드 / style=스타일;
   CLASSLEV 변수 / style=스타일;
RUN;
```

· **TABULATE 프로시저에 적용되는 각 문장의 역할은 다음과 같다.**

- CLASS : 교차 테이블의 카테고리 변수
  ▸ TABLE 문장에 사용된 변수를 나열해야 한다.
- VAR : 통계량 적용할 분석 변수

▸ 통계량이 적용되면 변수를 나열해야 한다.

- TABLE : 교차 테이블의 정의
- WEIGHT : 통계량 계산의 가중치
- FREQ : 빈도 계산의 가중치
- BY : 그룹별 각 테이블 작성
- KEYLABEL : 적용 통계량의 Label 정의
- KEYWORD : 키워드의 스타일을 정의
- CLASSLEV : 카테고리 값들의 스타일 정의

· [옵션-1] FREQ 프로시저의 각 옵션은 다음과 같다.

- DATA= : 테이블 작성할 데이터셋 이름
- MISSING : 결측값을 테이블에 포함
- NOSEPS : 가로줄 삭제
- ORDER= : 출력 순서 지정
  .DATA : 데이터의 순서로 정렬
  .FORMATTED : FORMAT 정의대로 정렬
  .FREQ : 빈도 순서로 정렬
  .INTERNAL : 원 데이터대로 정렬
- OUT : 테이블 결과 저장
  .지정된 카테고리 변수 전체
  ._TYPE_, _PAGE_, _TABLE_ 변수
  .분석변수에 "_" 통계량 이름
- FORMAT : 각 셀의 공통 FORMAT 설정
- FORMCHAR(위치 번호)= : 셀 구분자 정의
  .위치번호 : 3~11번

· Table 작성 방법

TABLE 문장은 다음과 같은 항목들로 구성된다.

① CLASS 변수들(CLASS문에서 명시) 또는 ALL
② 분석변수들(VAR문에서 명시)
③ 통계량
④ 자릿수 형식

두 개 이상의 항목들이 사용될 때는 반드시 "*", ",", "공백", "괄호"중의 하나로 연결되어 있어야 한다. 통계량을 계산할 분석변수가 X이고 카테고리 형 분류 변수가 A, B, C일 때 TABLE 문장의 구성은 다음과 같다. TABLE 문장이 적용되기 이전에 각 변수들은 반드시 다음과 같이 정의해야 한다.

```
VAR X;
CLASS A B C;
```

[표 4-13] TABULATE의 Table 작성 방법

표현 방법	설 명
A	A 카테고리
MEAN	통계량
X	분석변수
A*B	A와 B의 교차표
A*B*C	다차원 교차표
A*MEAN*X	A내의 X들의 평균
A B	연결 분류
A B*C	A와 B*C의 연결
(A B)*C	A, B와 C의 교차표
A, B*C	A의 수준에 따른 B와 C의 교차표

4.2.3 TABULATE 예제

(1) MERGE

EMP 데이터셋으로 데이터분석 솔루션을 통해 생성된 SAS 코드를 상세히 확인한다. 이 TABLE 문장은 4개의 그룹으로 분리 가능하다.

① 콤마 앞의 분류 변수들 : 행 변수

② 콤마 뒤의 분류 변수들 : 열 변수

③ 분석변수와 *로 연결된 통계량들: 각 통계량 계산

이 예제는 행 변수들은 Merge의 형태로 출력된다. Merge는 각 분류 변수의 값들을 나열한 형태이다.

[표 4-14] TABULATE 프로시저 예제-1

```
TABLE
① grade hobby ALL,
② (gender ALL) *
③ (salary) * (n sum mean)
```

Results Viewer - C:₩DOCUME~1₩lee₩LOCALS~1₩Temp₩SA...

SAS 시스템

	GENDER						All		
	F			M					
	SALARY			SALARY			SALARY		
	N	Sum	Mean	N	Sum	Mean	N	Sum	Mean
GRADE									
1	.	.	.	2	10800.00	5400.00	2	10800.00	5400.00
2	2	10800.00	5400.00	1	5000.00	5000.00	3	15800.00	5266.67
3	1	4500.00	4500.00	2	8700.00	4350.00	3	13200.00	4400.00
4	1	3500.00	3500.00	1	3500.00	3500.00	2	7000.00	3500.00
5	.	.	.	2	5600.00	2800.00	2	5600.00	2800.00
8	.	.	.	1	2300.00	2300.00	1	2300.00	2300.00
9	1	2000.00	2000.00	.	.	.	1	2000.00	2000.00
HOBBY									
낚시	1	2000.00	2000.00	1	5300.00	5300.00	2	7300.00	3650.00
독서	1	5300.00	5300.00	1	2700.00	2700.00	2	8000.00	4000.00

[그림 4-12] TABULATE 예제-1

(2) SPLIT

MERGE 예제의 ①번 grade와 hobby의 사이에 "*"를 삽입하였다. Split의 형태로 변경되고 grade 변수의 각각의 값에 대한 hobby의 값이 출력된다.

[표 4-15] TABULATE 프로시저 예제-2

```
TABLE
①   grade*hobby ALL,
②   (gender ALL) *
③   (salary) * (n sum mean)
```

[그림 4-13]
TABULATE 프로시저
예제-2

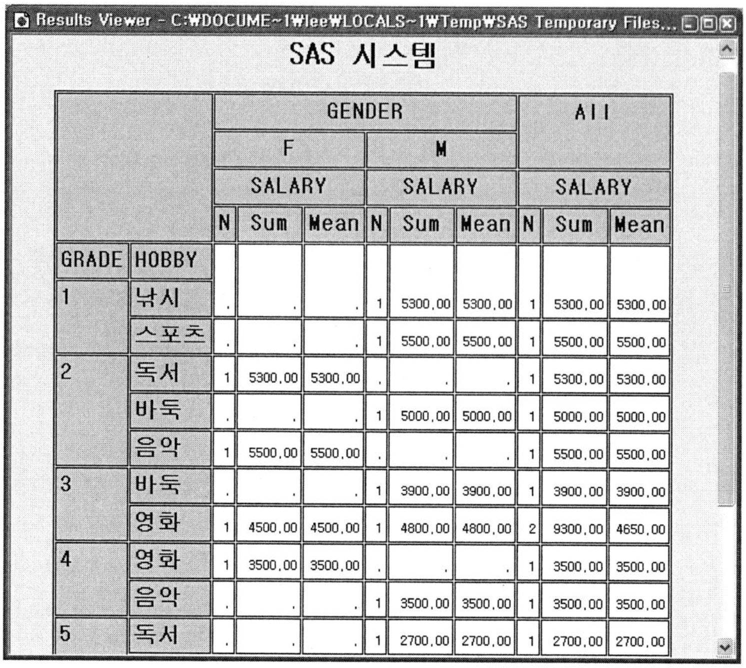

		GENDER						All		
		F			M					
		SALARY			SALARY			SALARY		
		N	Sum	Mean	N	Sum	Mean	N	Sum	Mean
GRADE	HOBBY									
1	낚시	.	.	.	1	5300.00	5300.00	1	5300.00	5300.00
	스포츠	.	.	.	1	5500.00	5500.00	1	5500.00	5500.00
2	독서	1	5300.00	5300.00	.	.	.	1	5300.00	5300.00
	바둑	.	.	.	1	5000.00	5000.00	1	5000.00	5000.00
	음악	1	5500.00	5500.00	.	.	.	1	5500.00	5500.00
3	바둑	.	.	.	1	3900.00	3900.00	1	3900.00	3900.00
	영화	1	4500.00	4500.00	1	4800.00	4800.00	2	9300.00	4650.00
4	영화	1	3500.00	3500.00	.	.	.	1	3500.00	3500.00
	음악	.	.	.	1	3500.00	3500.00	1	3500.00	3500.00
5	독서	.	.	.	1	2700.00	2700.00	1	2700.00	2700.00

(3) PAGE

MERGE 예제의 ①번 grade와 hobby의 사이에 "*" 대신 ","를 삽입하였다. grade 변수의 각각의 값에 대하여 hobby와 gender 간의 salary 값의 통계량이 페이지 별로 출력된다.

[표 4-16] TABULATE 프로시저 예제-3

```
TABLE
①   grade, hobby ALL,
②   (gender ALL) *
③   (salary) * (n sum mean)
```

결과 데이터셋으로 저장하는 경우 _PAGE_ 변수에 각 grade 변수의 값 별로 일련번호가 자동으로 부여된다.

[그림 4-14]
TABULATE 프로시저
예제-3

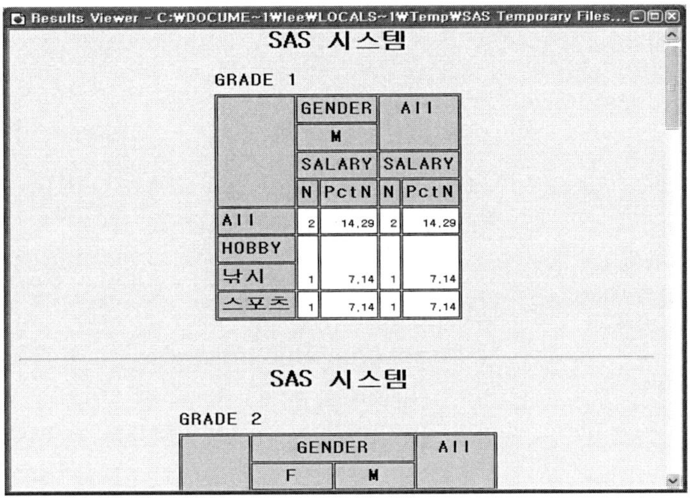

	GENDER		All	
	M			
	SALARY		SALARY	
	N	PctN	N	PctN
All	2	14.29	2	14.29
HOBBY				
낚시	1	7.14	1	7.14
스포츠	1	7.14	1	7.14

(4) SUB-TOTAL

SPLIT 예제의 ①번을 다음과 같이 괄호를 삽입하고 ALL의 위치를 변경하여 grade 별 SUB-TOTAL을 삽입할 수 있다.

[표 4-17] TABULATE 프로시저 예제-4

```
TABLE
①   grade*(ALL hobby),
②   (gender ALL) *
③   (salary) * (n sum mean)
```

[그림 4-15]
TABULATE 프로시저
예제-4

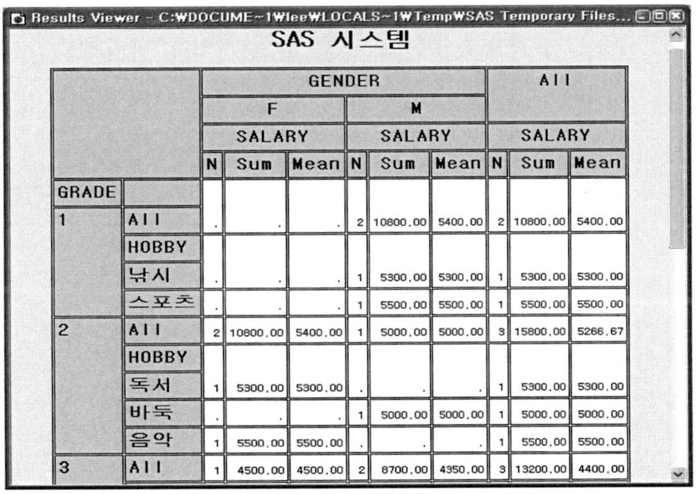

		GENDER						All		
		F			M					
		SALARY			SALARY			SALARY		
		N	Sum	Mean	N	Sum	Mean	N	Sum	Mean
GRADE										
1	All	.	.	.	2	10800.00	5400.00	2	10800.00	5400.00
	HOBBY									
	낚시	.	.	.	1	5300.00	5300.00	1	5300.00	5300.00
	스포츠	.	.	.	1	5500.00	5500.00	1	5500.00	5500.00
2	All	2	10800.00	5400.00	1	5000.00	5000.00	3	15800.00	5266.67
	HOBBY									
	독서	1	5300.00	5300.00	.	.	.	1	5300.00	5300.00
	바둑	.	.	.	1	5000.00	5000.00	1	5000.00	5000.00
	음악	1	5500.00	5500.00	.	.	.	1	5500.00	5500.00
3	All	1	4500.00	4500.00	2	8700.00	4350.00	3	13200.00	4400.00

(5) 통계량 추가

③번의 (n sum mean)의 자리에 통계량을 추가하면 된다. PCTSUM을 입력해 보자. 통계량은 N, PCTN, NMISS, SUM, PCTSUM, MEAN, MEDIAN, MIN, MAX, STD, VAR, STDERR의 모두 12개이다.

[표 4-18] TABULATE 프로시저 예제-5

```
TABLE
①   grade*(ALL hobby),
②   (gender ALL) *
③   (salary) * (n PCTSUM)
```

PCTSUM은 분석변수의 합에 대한 비율을 계산한다. PCTN은 각 빈도의 비율을 계산하게 된다. 결과는 다음과 같다.

[그림 4-16] TABULATE 프로시저 예제-5

Results Viewer - SAS Output

SAS 시스템

		GENDER				All	
		F		M			
		SALARY		SALARY		SALARY	
		N	PctSum	N	PctSum	N	PctSum
GRADE							
1	All	.	.	2	19.05	2	19.05
	HOBBY						
	낚시	.	.	1	9.35	1	9.35
	스포츠	.	.	1	9.70	1	9.70
2	All	2	19.05	1	8.82	3	27.87
	HOBBY						
	독서	1	9.35	.	.	1	9.35
	바둑	.	.	1	8.82	1	8.82
	음악	1	9.70	.	.	1	9.70
3	All	1	7.94	2	15.34	3	23.28

(6) 결과 데이터셋

PROC TABULATE 뒤에 OUT= 문장을 적용하여 테이블의 출력 결과를 저장할 수 있다.

[표 4-19] TABULATE 프로시저 예제-6

```
PROC TABULATE DATA=Q.emp OUT=summary;
   VAR salary;
   CLASS grade hobby gender;
      :          :        :
```

각 분류변수들과 정의된 통계량이 각각 출력된다. _TYPE_ 변수는 자동 생성되고 정의된 분류변수의 개수에 따라 자릿수가 결정된다. 해당 분류변수가 포함되면 “1”, 포함되지 않으면 “0”이 된다.

이 예제에서 분류변수가 모두 3개 이므로 자릿수는 3개이다. 1번 자리는 grade 변수, 2번 자리는 hobby, 3번 자리는 gender를 나타낸다. 예를 들면 101은 grade와 gender의 조합임을 의미한다.

PAGE 변수와 _TABLE_변수는 페이지 별로 집계표가 생성될 때 표식이 붙게 된다. 통계량들은 분석변수의 뒤에 통계량 키워드가 붙어서 출력된다.

[그림 4-17] TABULATE 프로시저 예제-6

VIEWTABLE: Work.Summary

	grade	hobby	gender	_TYPE_	_PAGE_	_TABLE_	Salary_N	Salary_PctN_000
1	1		M	101	1	1	2	14,285714286
2	2		F	101	1	1	2	14,285714286
3	2		M	101	1	1	1	7,1428571429
4	3		F	101	1	1	1	7,1428571429
5	3		M	101	1	1	2	14,285714286
6	4		F	101	1	1	1	7,1428571429
7	4		M	101	1	1	1	7,1428571429
8	5		M	101	1	1	2	14,285714286
9	8		M	101	1	1	1	7,1428571429
10	9		F	101	1	1	1	7,1428571429
11	1			100	1	1	2	14,285714286
12	2			100	1	1	3	21,428571429
13	3			100	1	1	3	21,428571429
14	4			100	1	1	2	14,285714286
15	5			100	1	1	2	14,285714286
16	8			100	1	1	1	7,1428571429
17	9			100	1	1	1	7,1428571429
18	1	낚시	M	111	1	1	1	7,1428571429
19	1	스포츠	M	111	1	1	1	7,1428571429
20	2	독서	F	111	1	1	1	7,1428571429
21	2	바둑	M	111	1	1	1	7,1428571429
22	2	음악	F	111	1	1	1	[illegible]

chapter 05

Data Step 프로시저

Data Step에서 유용하게 이용되는 프로시저들을 소개한다. 대표적인 프로시저는 SORT, SUMMARY, TRANSPOSE, DATASETS, CONTENTS, APPEND, FORMAT, IMPORT, EXPORT 등이 있다. 이중에서 CONTENTS와 APPEND는 예제로 대체 설명한다.
SORT 프로시저는 데이터를 정렬하는데 활용되고, SUMMARY는 변수들의 기술통계량을 출력하기 위하여 활용된다. TRANSPOSE는 변수와 관측치의 위치를 바꾸는 전치 기능을 수행하고, DATASETS는 라이브러리 내 SAS 파일들을 관리하는 기능이다.

5.1 Sort 프로시저

SORT 프로시저는 하나 이상의 변수들에 의해 SAS 데이터셋의 관측치들을 정렬한다. 그 결과로 새로운 데이터셋이 생기거나 기존 데이터셋을 정렬 저장한다. SORT 프로시저 자체는 결과를 output 창에 출력하지 않으며 반드시 BY 문과 함께 사용해야 한다.

5.1.1 기본 사용법

SORT 프로시저의 기본 사용 문법은 다음과 같다.

[표 4-1] SORT 프로시저

```
PROC SORT 선택사항 옵션-1;
     BY 옵션-2 변수명;
RUN;
```

· SORT 프로시저에 적용되는 문장의 역할은 다음과 같다.

- BY 변수명 : 정렬할 변수를 정의한다.

PROC SORT는 기본적으로 By에 정의된 변수들의 나열 순서에 따라 정렬된다. 기본값으로 오름차순으로 정렬한다.

· [옵션-1] SORT 프로시저의 각 옵션은 다음과 같다.

- DATA=데이터셋 : 입력 데이터셋을 지정한다.
- OUT=데이터셋 : 출력 데이터셋을 지정한다.
- DATECOPY : 생성 또는 수정 일자 변경 없이 데이터셋을 정렬한다.
- REVERSE : 문자열 순서를 역순으로 변경한다.
- EQUALS : BY 그룹 내의 순서를 유지한다.
- NOEQUALS : BY 그룹 내의 변화를 허용한다.
- SORTSIZE= : 메모리 효율성을 위해 지정한다.
- FORCE : 과다한 정렬의 경우 강제 종료한다.
- TAGSORT : 임시 저장 공간 사용을 축소한다.
- NODUPKEY : BY에 지정된 변수의 값 중 중복된 관찰치를 제거한다. 이 옵션을 사용하면 SORT 프로시저는 모든 BY 값에 대하여 각 관측치를 읽는다. 그리고 중복된 값이 있으면 결과 데이터셋에서 중복된 값을 제거한다.
- NODUPRES/NODUP : 중복된 관찰치를 찾고 이를 제거한다. 이 옵션을 사용하면 SORT 프로시저는 모든 변수의 값을 읽는다. 그리고 중복된 값이 있으면 결과 데이터셋에서 중복된 값을 제거한다.

· [옵션-2] BY에 사용되는 옵션은 다음과 같다.

- DESCENDING : BY 변수의 내림차순으로 정렬.
  (기본값은 ASCENDING으로 오름차순 정렬)

5.1.2 SORT 예제

Emp 데이터셋으로 region, gender, grade 변수에 의해 정렬하여 새로운 데이터셋을 생성하고 output에 정렬된 데이터를 출력한다.

[표 4-2] SORT 프로시저 코드 예제-1

```
PROC SORT DATA=datalib.emp OUT=sort_emp;
    BY region gender grade;
RUN;

PROC PRINT DATA=sort_emp;
    VAR region gender grade;
RUN;
```

[표 4-3] SORT 프로시저 결과 예제-1

Obs	region	gender	grade
1	강릉	M	3
2	광주	M	2
3	대구	F	9
4	대전	F	3
5	대전	M	8
6	부산	M	3
7	부산	M	5
8	부산	M	5
9	서울	F	2
10	서울	F	2
11	서울	F	4
12	서울	M	1
13	서울	M	4
14	인천	M	1

[그림 4-3] SORT 프로시저 결과 예제-4

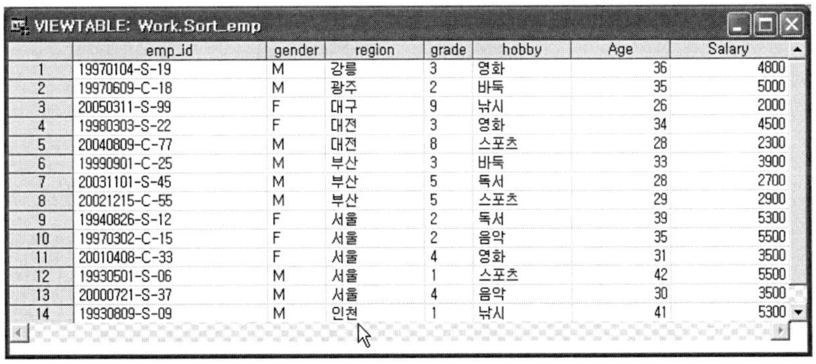
VIEWTABLE: Work.Sort_emp

	emp_id	gender	region	grade	hobby	Age	Salary
1	19970104-S-19	M	강릉	3	영화	36	4800
2	19970609-C-18	M	광주	2	바둑	35	5000
3	20050311-S-99	F	대구	9	낚시	26	2000
4	19980303-S-22	F	대전	3	영화	34	4500
5	20040809-C-77	M	대전	8	스포츠	28	2300
6	19990901-C-25	M	부산	3	바둑	33	3900
7	20031101-S-45	M	부산	5	독서	28	2700
8	20021215-C-55	M	부산	5	스포츠	29	2900
9	19940826-S-12	F	서울	2	독서	39	5300
10	19970302-C-15	F	서울	2	음악	35	5500
11	20010408-C-33	F	서울	4	영화	31	3500
12	19930501-S-06	M	서울	1	스포츠	42	5500
13	20000721-S-37	M	서울	4	음악	30	3500
14	19930809-S-09	M	인천	1	낚시	41	5300

5.2 SUMMARY 프로시저

SUMMARY 프로시저는 SAS 데이터셋의 숫자변수들에 대하여 기술적인 통계들을 계산하고, 새로운 SAS 데이터셋에 결과를 출력한다. SUMMARY 프로시저는 관측 그룹의 기술 통계량뿐만 아니라 모든 관측치의 기술 통계량을 계산하는 데이터 요약 도구를 제공한다. 기본적으로 PROC SUMMARY는 결과를 표시하지 않으며 데이터셋만을 생성한다.

5.2.1 기본 사용법

SUMMARY 프로시저의 기본 사용 문법은 다음과 같다. MEANS 프로시저와 동일하다.

[표 4-4] SUMMARY 프로시저

```
PROC SUMMARY 선택사항 옵션-1;
      VAR 변수명;
      BY 변수명;
      CLASS 변수명 옵션-2;
      FREQ 변수명;
      WEIGHT 변수명;
      ID 변수명;
      OUTPUT OUT=데이터셋 Statistics=변수명;
RUN;
```

5.2.2 SUMMARY 예제

Customer 데이터셋으로 salary 변수의 category, gender별 기초통계량을 산출한다. 기본값으로 데이터개수(결측치 제외), 평균, 표준편차, 최소값, 최대값의 5개 통계량이 출력된다. 별도의 결과가 출력되지 않으므로 결과 데이터셋을 저장하였다.

[표 4-5] SUMMARY 프로시저 예제-1

```
PROC SUMMARY DATA=datalib.customer;
  VAR salary;
  CLASS category gender;
  OUTPUT OUT=work.stat(WHERE=(_TYPE_=3));
RUN;

PROC PRINT DATA=work.stat;
RUN;
```

[표 4-6] SUMMARY 프로시저 예제-1과 동일한 결과

```
PROC SUMMARY DATA=datalib.customer NWAY;
  VAR salary;
  CLASS category gender;
  OUTPUT OUT=work.stat;
RUN;
```

[표 4-7] SUMMARY 프로시저 결과 예제-1

Obs	Category	Gender	_TYPE_	_FREQ_	_STAT_	Salary
1	A	F	3	32	N	32.000
2	A	F	3	32	MIN	13.300
3	A	F	3	32	MAX	89.500
4	A	F	3	32	MEAN	36.553
5	A	F	3	32	STD	17.221
6	A	M	3	102	N	102.000
7	A	M	3	102	MIN	15.500
8	A	M	3	102	MAX	105.400
9	A	M	3	102	MEAN	48.440
10	A	M	3	102	STD	26.616
11	B	F	3	38	N	38.000
			⋮			
			⋮			

[그림 4-4] SUMMARY 프로시저 결과 예제-1

VIEWTABLE: SUMMARY STATISTICS

	Category	Gender	_TYPE_	_FREQ_	_STAT_	Salary
1	A	F	3	32	N	32
2	A	F	3	32	MIN	13.3
3	A	F	3	32	MAX	89.5
4	A	F	3	32	MEAN	36.553125
5	A	F	3	32	STD	17.220954684
6	A	M	3	102	N	102
7	A	M	3	102	MIN	15.5
8	A	M	3	102	MAX	105.4
9	A	M	3	102	MEAN	48.440196078
10	A	M	3	102	STD	26.615845276
11	B	F	3	38	N	38
12	B	F	3	38	MIN	10.5
13	B	F	3	38	MAX	91.5
14	B	F	3	38	MEAN	31.526315789
15	B	F	3	38	STD	15.6775047
16	B	M	3	120	N	120
17	B	M	3	120	MIN	16
18	B	M	3	120	MAX	109.7
19	B	M	3	120	MEAN	47.485
20	B	M	3	120	STD	23.331814216
21	C	F	3	43	N	43
22	C	F	3	43	MIN	13.5
23	C	F	3	43	MAX	81.8
24	C	F	3	43	MEAN	29.879069767
25	C	F	3	43	STD	11.843594977
26	C	M	3	135	N	135
27	C	M	3	135	MIN	15.1
28	C	M	3	135	MAX	107.6
29	C	M	3	135	MEAN	48.507407407
30	C	M	3	135	STD	26.563760606
31	D	F	3	35	N	35
32	D	F	3	35	MIN	15.8
33	D	F	3	35	MAX	90.3
34	D	F	3	35	MEAN	31.174285714
35	D	F	3	35	STD	13.368363507
36	D	M	3	133	N	133
37	D	M	3	133	MIN	15.2
38	D	M	3	133	MAX	109.1
39	D	M	3	133	MEAN	44.846616541

Customer 데이터셋에서 동일한 NO 값을 갖는 데이터의 존재 유무를 Check 한다. NO 변수가 중복(Dup)되어 있는지 확인한다.

[표 4-8] SUMMARY 프로시저 예제-2

```
PROC SUMMARY DATA=datalib.customer;
  CLASS no;
  OUTPUT OUT=work.dist
       (WHERE=(_TYPE_ ^=0  AND _FREQ_ >1));
RUN;
```

예제-2의 경우 WORK.DIST 테이블에는 아무 관측치도 존재하지 않는다. 이는 테이블 CUSTOMER 에는 NO 값이 중복되는 것이 없음을 의미한다.

[표 4-9] SUMMARY 프로시저 실행 LOG 창 출력결과-1

```
PROC SUMMARY DATA=DATALIB.CUSTOMER
                          NWAY;
   CLASS NO;
   OUTPUT
   OUT=WORK.DIST
         (WHERE=(_TYPE_^=0 AND _FREQ_ > 1));
RUN;

NOTE: 1090개의 관측치를 데이터셋
        DATALIB.CUSTOMER. (으)로부터 읽었습니다.
NOTE: 데이터셋 'WORK.DIST'은(는) 0개 관측치, 3개
        변수를 가지고 있습니다.
NOTE: 프로시저 SUMMARY 실행:
      실행 시간            0.13 초
      cpu 시간             0.03 초
```

5.3 TRANSPOSE 프로시저

TRANSPOSE 프로시저는 SAS 데이터셋의 변수(열)를 관측치(행)로 전치하면서 값의 위치를 바꾼 데이터셋을 생성한다. 이는 데이터셋의 관측치는 변수로, 변수는 관측치로 바꾸는 것이다.

결과 데이터셋의 변수는 입력 데이터셋의 관측치에 대응되고, 결과 데이터셋의 관측치는 입력 데이터셋의 변수에 대응된다. 또한 결과 데이터셋은 입력 데이터셋의 변수 이름을 값으로 하는 새로운 변수를 갖는다.

TRANSPOSE 프로시저 결과로 생성된 데이터셋은 다음 단계의 분석, 보고서 작성, 자료 조작 등을 위한 DATA 또는 PROC 스텝에서 사용될 수 있다.

5.3.1 기본 사용법

TRANSPOSE 프로시저의 기본 사용 문법은 다음과 같다.

[표 4-10]
TRANSPOSE 프로시저

```
PROC TRANSPOSE 선택사항 옵션-1;
       VAR 변수명;
       ID 변수명;
       IDLABLE 변수명;
       COPY 변수명;
       BY 옵션-2 변수명;
RUN;
```

· **TRANSPOSE 프로시저에 적용되는 각 문장의 역할은 다음과 같다.**

- VAR 변수명 : 전치시킬 변수명 지정. VAR 구문을 생략하면 다른 구문에 정의된 변수를 제외한 모든 수치형 변수를 전치시킨다. 만일 문자형 변수를 전치시키고자 한다면 반드시 지정해 주어야 한다.
- ID 변수명 : 결과 데이터셋에서 전치된 변수 이름으로 사용될 변수를 지정한다. ID의 값은 입력 데이터셋에서 단 한번 발생하며, 만약 BY문이 사용되었다면 BY 그룹 안에서 적용된다. 또한 미싱 ID값을 갖는 관측치는 결과 데이터셋에서 제외된다.
- IDLABEL 변수명 : 전치된 변수의 Label을 생성한다. 반드시 ID 문과 함께 사용한다.
- COPY 변수명 : 지정된 변수는 전치 없이 결과 데이터셋에 복사
- BY 변수명 : 지정된 변수 그룹별 전치를 필요로 할 때 정의

[옵션-1] TRANSPOSE 프로시저의 각 옵션은 다음과 같다.

- DATA=데이터셋 : 전치시킬 데이터셋명 지정
- PREFIX= : 전치시킨 데이터셋의 변수이름을 지정한다.
- OUT=데이터셋 : 전치 결과 데이터셋을 지정한다.
- NAME= : 변수의 이름을 갖는 결과 데이터셋에서 변수에 대한 변수명을 지정한다. 지정하지 않으면 _NAME_으로 지정된다.

- LABEL= : 변수의 이름을 갖는 결과 데이터셋에서 변수에 대한 Label을 지정한다. 지정하지 않으면 _LABEL_으로 지정된다.
- LET : ID 변수의 중복 값을 허락한다. 이는 중복된 ID 변수값 중에서 가장 마지막의 ID변수값을 적용한다.

· **[옵션-2] BY에 사용되는 옵션은 다음과 같다.**
- DESCENDING :BY 변수 그룹의 내림차순으로 정렬
- NOTSORTED : 관측치의 정렬이 필요치 않은 경우 지정

· **TRANSPOSE 특징**

전치된 변수들은 동일한 형태와 길이를 갖으며 수치형 변수는 수치형 변수로, 문자형 변수는 문자형 변수로 전치된다. TRANSPOSE는 특별히 OUTPUT을 출력하지 않으므로 OUT= 옵션을 사용하지 않아도 결과 데이터셋이 자동 생성된다.

5.3.2 TRANSPOSE 예제

다음 Sample 데이터에서 학생별 성적을 Transpose 시킨다. 결과 데이터셋의 변수명은 'Name_이름'으로 생성이 된다.

[표 4-11]
TRANSPOSE 프로시저 예제 데이터-1

```
DATA sample;
   LENGTH name $ 8. class $2.
   INPUT name $ class $ score1-score4;
CARDS;
Khj A  22 25 21  21
Khk C 15  9  18  17
Pyt  B 17 19 19  19
Pgt  B 20 19 16  19
Lsh  A 14 15 13  13
Kys  B 15 17 18  19
Ksh C  10 11  9  10
YIs  C 22 24 23  21
;
```

[표 4-12]
TRANSPOSE 프로시저 예제-1

```
PROC TRANSPOSE DATA=work.sample1
    OUT=work.trans PREFIX=Name_;
    VAR score1 score2 score3 score4;
    ID name;
RUN;
```

[그림 4-5]
TRANSPOSE 프로시저 결과 데이터셋-1

VIEWTABLE: Work.Trans

	NAME OF FORMER VARIABLE	Name_Khj	Name_Lsh	Name_Pyt	Name_Pgt	Name_Kys	Name_Khk	Name_Ksh	Name_Yls
1	score1	22	14	17	20	15	15	10	22
2	score2	25	15	19	19	17	9	11	24
3	score3	21	13	19	16	18	18	9	23
4	score4	21	13	19	19	19	17	10	21

Class 그룹별 Transpose 결과 데이터셋 생성

[표 4-13]
TRANSPOSE 프로시저 예제-2

```
PROC SORT DATA=sample1 OUT=sample1;
   BY class;
RUN;
PROC TRANSPOSE DATA=work.sample1
               OUT=work.trans1 PREFIX=Name_ ;
   BY class;
   VAR score1 score2 score3 score4;
   ID name;
RUN;
```

[그림 4-6]
TRANSPOSE 프로시저 결과데이터셋-2

VIEWTABLE: Work.Trans1

	class	NAME OF FORMER VARIABLE	Name_Khj	Name_Lsh	Name_Pyt	Name_Pgt	Name_Kys	Name_Khk	Name_Ksh	Name_Yls
1	A	score1	22	14	.	.	.	.	.	.
2	A	score2	25	15	.	.	.	.	.	.
3	A	score3	21	13	.	.	.	.	.	.
4	A	score4	21	13	.	.	.	.	.	.
5	B	score1	.	.	17	20	15	.	.	.
6	B	score2	.	.	19	19	17	.	.	.
7	B	score3	.	.	19	16	18	.	.	.
8	B	score4	.	.	19	19	19	.	.	.
9	C	score1	.	.	.	.	.	15	10	22
10	C	score2	.	.	.	.	.	9	11	24
11	C	score3	.	.	.	.	.	18	9	23
12	C	score4	.	.	.	.	.	17	10	21

5.4 DATASETS 프로시저

DATASETS 프로시저는 SAS 데이터셋과 라이브러리를 관리하는 실용적인 프로시저로 SAS 파일들을 복사, 수정, 삭제, 데이터 추가, 이름 변경 등을 할 수 있다. 또한 SAS 파일의 INDEX 생성, 삭제, 관리기능, 파일의 속성 변경, 파일의 암호 관리 등의 기능도 포함한다.
DATASETS 프로시저는 대화형 프로시저로 다음과 같은 QUIT 문, RUN CANCEL 문, PROC 또는 DATA 문을 실행하기 전까지 계속 실행된다.

5.4.1 기본 사용법

DATASETS 프로시저의 기본 사용 문법은 다음과 같다.

[표 4-14] DATASETS 프로시저

```
PROC DATASETS 옵션-1;
    APPEND BASE=데이터셋명
           DATA=데이터셋명;
    CHANGE 기존파일명=새로운 파일명;
    COPY IN=라이브러리 OUT=라이브러리;
        EXCLUDE 파일리스트;
        SELECT 파일리스트;
    DELETE 파일리스트;
RUN;
QUIT;
```

· DATASETS 프로시저에 적용되는 각 문장의 역할은 다음과 같다.

- APPEND : 데이터셋에 데이터를 추가한다.
  .BASE=데이터셋명 : 데이터를 추가할 대상 데이터셋을 지정한다.
  .DATA=데이터셋명 : 추가할 데이터가 있는 입력 데이터셋을 지정한다.

- CHANGE 기존파일명=새로운 파일명 : 파일명을 변경한다. 기존 파일을 새로운 파일명으로 변경한다. 이때 동일한 라이브러리에 파일이 존재해야 한다.
- IDLABEL 변수명 : 전치된 변수의 Label을 생성한다. 반드시 ID 문과 함께 사용한다.
- COPY IN=라이브러리 OUT=라이브러리 : 라이브러리(IN)에 있는 파일들을 다른 라이브러리(OUT)로 복사한다.
  - .EXCLUDE 파일리스트 : 라이브러리 내에서 복사하지 않을 대상 파일들을 지정한다.
  - .SELECT 파일리스트 : 라이브러리 내에서 복사 할 대상 파일들을 지정한다. EXCLUDE와 SELECT를 동시에 적용 할 수 없다.
- DELETE 파일리스트 : 삭제하고자 하는 파일들을 지정한다.

· [옵션-1] DATASETS 프로시저의 옵션은 다음과 같다.

- LIBRARY=라이브러리 : DATASETS 프로시저가 실행 될 대상 라이브러리를 지정한다. 지정하지 않을 시엔 WORK 라이브러리를 기본값으로 한다.

5.4.2 DATASETS 예제

DATALIB라는 라이브러리에 SAMPLE 데이터를 2개 생성하여 DATASETS 프로시저를 실행한다. 1. SAMPLE2 데이터 중 25번째 데이터부터 40번째 데이터까지를 SAMPLE1에 추가하고. SAMPLE1 데이터셋을 SAMPLE4로 이름을 변경한다. 또한, DATALIB 라이브러리의 데이터 중 CUSTOMER, CUSTOMER_VAL을 제외하고 모두 WORK에 복사하고 DATALIB의 데이터셋 중 SAMPLE1과 SAMPLE4를 삭제한다.

[표 4-15] DATASETS 프로시저 예제-1

```
DATA datalib.sample1;
   SET datalib.customer(FIRSTOBS=1 OBS=50);
DATA datalib.sample2;
   SET datalib.customer(FIRSTOBS=51 OBS=50);
RUN;

PROC DATASETS LIBRARY=datalib;
   APPEND BASE=datalib.sample1
   DATA=datalib.sample2(FIRSTOBS=25 OBS=40);
   CHANGE sample1=sample4;
   COPY IN=datalib OUT=work;
   EXCLUDE CUSTOMER CUSTOMER_VAL;
   DELETE sample1 sample4;
RUN;
QUIT;
```

[표 4-16] DATASETS 프로시저 실행 LOG 창 출력결과-1

```
PROC DATASETS LIBRARY=datalib;
                      -----디렉터리------

           라이브러리 참조: DATALIB
           엔진:            V8
           물리적 경로:     C:￦Prjct_dt￦Mac_std￦data
           파일 이름:       C:￦Prjct_dt￦Mac_std￦data


  #  이름               멤버유형  파일 크기   마지막 수정일
 ----------------------------------------------------------
  1  ANSWER1_1          DATA         5120   09SEP2005:15:40:03
  2  CUSTOMER           DATA        58368   09SEP2005:10:25:03
  3  CUSTOMER_VAL       DATA       119808   18AUG2005:16:05:19
  4  CUST_INFO_LAYOUT   DATA         5120   18AUG2005:16:05:18
  5  CUST_VAL_LAYOUT    DATA         5120   18AUG2005:16:05:18
  6  EMP                DATA         9216   16AUG2005:15:08:06
  7  GRADE              DATA         5120   18AUG2005:14:35:10
  8  PURCHASED_IND      DATA        99328   08SEP2005:15:02:00
  9  SAMPLE             DATA         5120   31AUG2005:14:42:23
 10  SAMPLE2            DATA         9216   20SEP2005:13:59:09
 11  SAMPLE_LAYOUT      DATA         5120   18AUG2005:17:35:21
 12  STOCK              DATA         5120   08SEP2005:13:33:12
 13  VARLIST            DATA         5120   18AUG2005:14:35:10
     APPEND BASE=datalib.sample1
                 DATA=datalib.sample2(FIRSTOBS=25 OBS=40);
NOTE: 'DATALIB.SAMPLE2'을(를) 추가 (대상 데이터셋 :'DATALIB.SAMPLE1').
NOTE: BASE 데이터셋이 존재하지 않습니다. DATA 파일이 BASE 파일에 복사
됩니다.
NOTE: 16개의 관측치를 데이터셋 DATALIB.SAMPLE2. (으)로부터  읽었습니
다.
NOTE: 데이터셋 'DATALIB.SAMPLE1'은(는) 16개 관측치, 7개 변수를 가지고
있습니다.
      CHANGE sample1=sample4;
  RUN;
NOTE: Changing the name DATALIB.SAMPLE1 to DATALIB.SAMPLE4
(memtype=DATA).
QUIT;
     COPY IN=datalib OUT=work;
         EXCLUDE CUSTOMER CUSTOMER_VAL;
NOTE: Copying DATALIB.ANSWER1_1 to WORK.ANSWER1_1 (memtype=DATA).
NOTE: 10개의 관측치를 데이터셋 MDATALIB.ANSWER1_1.(으)로부터  읽었습니
다.
NOTE: 데이터셋 'WORK.ANSWER1_1'은(는) 10개 관측치, 2개 변수를 가지고
있습니다.
.............
    DELETE sample1 sample4;
  RUN;
NOTE: The file DATALIB.SAMPLE1 (memtype=DATA) was not found, but
appears on a DELETE statement.
NOTE: Deleting DATALIB.SAMPLE4 (memtype=DATA).
  QUIT;
```

반복적으로 생성되는 데이터셋을 특정 데이터셋에 추가하는 경우에는 APPEND 프로시저를 이용한다. a라는 데이터셋이 반복적 수행에 의해 만들어진다고 할 때 만들어질 때마다 데이터셋을 행에 의한 병합을 실시하여 result라는 신규 데이터셋을 생성하기 위한 프로그램이다.

[표 4-17] APPEND 프로시저 예제

```
PROC APPEND BASE=work.result
            DATA=a
            FORCE;
RUN;
QUIT;
```

work.result 데이터셋은 존재하지 않는 신규 데이터셋이다. 기존에 존재하는 데이터셋이라면 기존 데이터셋에 추가된다. FORCE 옵션은 이를 위한 것으로 변수의 수, 크기에 무관하게 강제로 추가하기 위한 것이다.

5.5 IMPORT/EXPORT 프로시저

표준 데이터형식으로의 데이터 입출력을 위한 프로시저이다. 이 프로시저는 파일>데이터 가져오기, 파일>데이터 내보내기에서 출력되는 마법사의 기능과 동일하다.

5.5.1 기본 사용법

IMPORT 프로시저의 기본 사용 문법은 다음과 같다.

[표 4-18] IMPORT 프로시저

```
PROC IMPORT DATAFILE="파일명"
            OUT=데이터셋명
            DBMS=데이터 형식
            REPLACE;
    GETNAMES=YES|NO;
RUN;
QUIT;
```

DBMS 옵션은 다음과 같은 표준데이터형식을 지정한다.

[표 4-19] 표준데이터형식

데이터 형식	설 명	확장자
ACCESS	Microsoft Access 2000 table	.mdb
ACCESS97	Microsoft Access 97 table	.mdb
ACCESS2000	Microsoft Access 2000 table	.mdb
DLM	delimited file (delimiter는 공백)	.*
CSV	comma-separated values	.csv
TAB	delimited file (tab-delimited values)	.txt
DBF	dBASE 5.0, IV, III+, III, and II files	.dbf
EXCEL	Excel 2000 spreadsheet	.xls
EXCEL4	Excel 4.0 spreadsheet	.xls
EXCEL5	Excel 5.0 or 7.0 (95) spreadsheet	.xls
EXCEL97	Excel 97 or 7.0 (95) spreadsheet	.xls
EXCEL2000	Excel 2000 spreadsheet	.xls
WK1	Lotus 1-2-3 Release 2 spreadsheet	.wk1
WK3	Lotus 1-2-3 Release 3 spreadsheet	.wk3
WK4	Lotus 1-2-3 Release 4/5 spreadsheet	.wk4

EXPORT 프로시저의 기본 사용 문법은 다음과 같다.

[표 4-20] EXPORT 프로시저

```
PROC EXPORT DATA=데이터셋명
            OUTFILE="파일명"
            DBMS=데이터 형식
            REPLACE;
   GETNAMES=YES|NO;
RUN;
QUIT;
```

5.5.2 IMPORT /EXPORT 예제

액셀파일을 가져오고 내보내기 위한 기본 예제이다. 액셀 파일이 아닌 콤마구분이면 DBMS=CSV를 지정한다.

[표 4-21] IMPORT 프로시저 예제

```
PROC IMPORT DATAFILE="d:\sample.xls"
      OUT=work.sam
      DBMS=EXCEL2000
      REPLACE;
RUN; QUIT;
```

[표 4-22] EXPORT 프로시저 예제

```
PROC EXPORT DATA=sam
      OUTFILE="d:\sample.xls"
      DBMS=EXCEL2000
      REPLACE;
RUN; QUIT;
```

chapter 06

사례 - 표본추출

본 장에서는 SAS 매크로 및 프로그래밍 기법을 활용한 실질적 사례의 하나로 표본추출 방법을 데이터스텝과 프로시저를 이용하여 구현해 본다. 표본추출방법 중에서 자주 사용되는 단순임의추출법, 계통추출법, 층화추출법(비례배분)에 대하여 SAS 8.1 이상에서 제공하고 있는 SURVEYSELECT 프로시저와 매크로에 의한 프로그래밍 결과를 비교하여 설명한다.

6.1 SURVEYSELECT 프로시저

SURVEYSELECT 프로시저는 확률 추출법에 근거한 다양한 표본추출 방법을 제공한다. 주요 추출 방법은 다음과 같다.

- 단순임의추출법
- 복원임의추출법
- 계통추출법
- 순차임의추출법
- 확률비례추출법 (복원)
- 확률비례추출법 (비 복원)
- 확률비례추출법 (계통)
- 확률비례추출법 (복원)

SURVEYSELECT 프로시저에 대해 간단하게 소개한다. 기본 사용 문법은 다음과 같다.

[표 6-1]
SURVEYSELECT
프로시저 문법

```
PROC SURVEYSELECT 옵션-1;
   STRATA 변수;
   SIZE 변수;
   ID 변수;
   CONTROL 변수;
RUN;
```

· **각 문장의 역할은 다음과 같다.**
- STRATA : 층화 변수 정의
- SIZE : 층 내의 크기를 나타내는 변수 정의
- ID : 추출 표본의 식별 변수 정의
- CONTROL : 정렬 변수 정의

· **SURVEYSELECT 옵션은 다음과 같다.**
- DATA= : 표본 추출 대상 데이터 정의
- OUT= : 표본추출 결과 저장 데이터 정의
- NOPRINT : 출력 결과 생략
- METHOD : 표본추출 방법
  ▸ SRS : 단순임의추출
  ▸ SYS : 계통추출법
  ▸ PPS : 확률비례추출
- SAMPSIZE : 표본 추출 개수 정의
  ▸ 개수 및 데이터셋(_NSIZE_ 변수)
- SAMPRATE : 표본 추출 비율 정의
  ▸ 비율 및 데이터셋(_RATE_ 변수)
- SEED : 난수 초기치 정의

6.2 Sampling 비교

주요한 Sampling 기법을 데이터 스텝과 SURVEYSELECT 프로시저를 비교한다. SURVEYSELECT 프로시저는 다양한 표본추출 기법을 매우 빠르게 수행하도록 도와준다.

본 절에서는 Sampling에 대한 이론적인 설명보다는 절차 및 프로그램 코드를 중심으로 설명한다.
데이터스텝에서 랜덤 추출하는 절차 및 프로그램을 소개한다. 소개하는 프로그램 예제들은 다른 절차와 방법을 통해 얼마든지 다르게 구현가능하다.

6.2.1 단순임의추출

단순임의추출은 난수를 활용하게 된다. 난수를 생성하여 생성된 난수를 정렬하여 순서대로 추출하게 된다.

(1) 지정된 개수만큼 추출

지정된 개수를 매크로 변수(n)로 정의하고 지정한 개수만큼의 랜덤 표본을 추출하기 위한 절차는 다음과 같다.
① 신규 변수에 난수를 생성
② 난수를 정렬 (내림차순, 오름차순 무관함)
③ 처음부터 지정한 개수만큼 데이터 추출
이를 SAS 프로그램 코드로 표현하면 다음과 같다.

[표 6-2] 지정한 개수만큼 랜덤 추출 (데이터스텝)

```
%LET n=3; *----- 표본 수 정의;

DATA n_emp; *----- 난수를 k변수에 생성;
   SET datalib.emp;
   k=UNIFORM(0);
RUN;
PROC SORT DATA=n_emp
   OUT=n_emp; *----- 난수에 의해 내림차순 정렬;
   BY k;
RUN;
DATA n_emp; *----- 처음 n개 데이터 추출;
   SET n_emp(OBS=&n);
RUN;
```

SURVEYSELECT 프로시저는 간단하게 데이터를 추출한다.

[표 6-3] 지정한 개수만큼 랜덤 추출 (프로시저)

```
%LET n=3; *----- 표본수 정의;

PROC SURVEYSELECT DATA=datalib.emp
   OUT=n_emp
   METHOD=SRS
   SAMPSIZE=&n;
RUN;
```

(2) 추출 비율에 의한 추출

추출 비율을 계산하기 위한 절차가 추가되어야 한다.

① 전체 데이터 개수 추출

② 정의된 추출 비율을 추출 개수 계산

③ 나머지 과정은 동일

추출 비율을 이용하여 추출개수로 변환하는 프로그램이다. “%LET n=3;” 대신에 다음과 같은 코드가 추가된다.

[표 6-4] 지정한 비율만큼 랜덤 추출 (데이터스텝)

```
%LET r=.3; *----- 추출률 정의;

PROC SUMMARY DATA=datalib.emp;
   VAR salary;
   OUTPUT OUT=rn(KEEP=tn) n=tn;
RUN;
DATA _NULL_; *---추출 개수를 매크로 변수로 생성;
      SET rn (FIRSTOBS=1 OBS=1);
      rn=round(tn*&r);
      CALL SYMPUT('n',rn);
RUN;
```

추출비율을 지정하는 SAMPRATE= 옵션을 지정한다.

[표 6-5] 지정한 비율만큼 랜덤 추출 (프로시저)

```
%LET r=.3; *----- 추출률 정의;

PROC SURVEYSELECT DATA=datalib.emp
   OUT=n_emp
   METHOD=SRS
   SAMPRATE=&r;
RUN;
```

6.2.2 계통추출

계통추출은 초기치는 랜덤하게 결정되고 추출 개수에 따라 초기치 번호부터 등간격으로 추출하게 된다.

(1) 데이터스텝

지정된 개수만큼의 표본을 추출하기 위한 절차는 다음과 같다.
① 추출간격 계산 : 데이터 개수 / 표본 수
② 초기치 생성 : 1~추출간격 내 난수 생성
③ 초기치에서 등간격으로 추출
emp 데이터는 총 14개 관찰치이므로 표본수가 3인 경우 추출간격은 14/3으로 4이다.
우선, 추출간격과 초기치를 생성하기 위한 과정을 SAS 프로그램 코드로 표현하면 다음과 같다. 추출간격과 초기치를 매크로 변수로 정의한다.

[표 6-6] 계통 추출의 추출간격과 초기치 계산 (데이터스텝)

```
%LET n=3;

PROC SUMMARY DATA=datalib.emp;
   VAR salary;
   OUTPUT OUT=rn(KEEP=tn) n=tn;
RUN;
DATA _NULL_;
      SET rn (FIRSTOBS=1 OBS=1);
      interval=int(tn/&n);
      initial=int(interval*UNIFORM(0));
      CALL SYMPUT('intv',interval);
      CALL SYMPUT('init',initial);
RUN;
```

[표 6-7] 지정한 개수만큼 계통 추출 (데이터스텝)

```
DATA n_emp;
   SET datalib.emp;
   IF MOD(_N_,&intv)=&init;
RUN;
```

초기치부터 추출간격에 따라 정의한 표본 수 3개를 추출한다. 관찰치 번호를 추출간격으로 나누어 나머지가 초기치가 되는 데이터만 저장하면 된다. 즉, "MOD(데이터번호, 추출간격)=초기치" 조건을 만족하는 데이터만 추출한다.

(2) SURVEYSELECT 프로시저

SURVEYSELECT 프로시저에 의한 표본 추출은 다음과 같이 "METHOD=" 옵션만 조정하면 된다.

[표 6-8] 계통추출 (프로시저)

```
%LET n=3; *----- 표본수 정의;

PROC SURVEYSELECT DATA=datalib.emp
   OUT=n_emp
   METHOD=SYS
   SAMPSIZE=&n;
RUN;
```

6.2.3 층화추출

층화추출은 부모집단 별로 랜덤추출을 수행한다. 즉, 단순임의추출을 각 층 변수의 값 별로 수행한다. 즉, 단순임의추출의 확장된 개념이다.
지정된 개수만큼의 층화추출한다는 것은 전체 표본수를 층화대상에 어떻게 배분할 것인가 하는 문제와 같다. 여기에서는 비율배분(Proportional Allocation)을 고려한다. 추출 절차는 다음과 같다.
① 층 변수, 층 내 분석변수, 통계량 정의
② 층별 분석변수의 통계량 계산

(통계량은 방법에 따라 부모집단 수, 분석변수의 합 등이 될 수 있다. 분산을 활용하는 경우 비례배분이 아닌 다른 배분법이 된다.)

③ 층별 추출 비율과 추출 개수 계산

④ 층별 랜덤 표본 추출

이를 SAS 프로그램 코드로 표현하면 다음과 같다.

우선, 층 변수에 대해 각 층별 통계량 및 통계량에 대한 비율을 각각 추출해야 한다.

[표 6-9]
층화추출-통계량 계산
(데이터스텝)

```
%LET n=3; *----- 표본수 정의;
%LET strata=gender; *----- 층 변수 정의;
%LET stat=sum; *----- 통계량 정의;

DATA n_emp; *----- 난수를 k변수에 생성;
   SET datalib.emp;
   k=UNIFORM(0);
RUN;
PROC SORT DATA=n_emp OUT=n_emp;
   BY &strata k;
RUN;
PROC SUMMARY DATA=n_emp;
   VAR salary;
   OUTPUT OUT=r&stat(KEEP=t&stat &strata)
          &stat=t&stat;
   CLASS &strata;
RUN;
DATA _null_;
   SET r&stat (FIRSTOBS=1 OBS=1);
   CALL SYMPUT('tot',t&stat);
RUN;
DATA r&stat;
   SET r&stat(WHERE=(&strata));
   _NSIZE_=ROUND(&n*t&stat/ &tot);
RUN;
```

계산한 추출 개수에 대해 각 층별로 적용하여 랜덤추출 한다.

[표 6-10] 층화추출 (데이터스텝)

```
DATA n2_emp(DROP=n _NSIZE_ chk k t&stat);
   MERGE n_emp(in=t1) r&stat;
   BY &strata;
   IF t1;
   RETAIN chk;
   IF FIRST.&strata THEN chk = 1;
   ELSE chk+1;
   IF chk <= _NSIZE_;
RUN;
```

chapter 07 프로그래밍 사례

SAS 프로그래밍의 경우는 프로그래밍 관련된 내용의 교재보다 통계 관련 교재가 대부분이어서 일반 프로그래밍 언어에 비하여 체득이 용이하지 않은 편이다. 프로그래밍의 활용에 있어 가장 좋은 방법은 익힌 기능들에 대해 실무에서 활용되는 실질적인 예제를 직접 다루어 보는 것이다.

본 장에서는 저자들이 실무에서 활용하는 일반적인 논리 연산들 중에서 활용도가 높다고 판단되는 SAS의 기능을 중심으로 예제를 활용하여 설명한다. 실무에서 응용되는 논리적인 접근에 대해 문제를 제기하고 이에 대한 결과 프로그램 예제를 제시한다. 물론 결과로 제시하는 프로그램은 접근하는 방식 및 개인 스타일에 따라 많은 차이를 보일 수 있다. 그러나 우선순위는 환경에 따라 다를 수 있지만 다음 3개 관점에서의 효율화를 목표로 프로그램 결과가 제시되었다.

(1) 작성의 편리성
(2) 계산 시간 최소화
(3) 메모리 사용의 최소화

7.1 종합 테스트

본 예제는 지금까지 익힌 SAS 데이터 처리 기술을 익혔을 때 충분히 해결 가능하다고 판단된다. 문제를 명확히 이해하고 작성하기를 권장한다. 명확히 이해하고 문제를 해결하였다면 더 이상 초급수준이 아니라고 단언할 수 있겠다.

전술한 바와 같이 SAS는 다양한 형태의 데이터처리 기술을 제공한다. 이에 의해서 개별적으로 구현방법의 차이가 발생하게 된다. 따라서 자신이 얼마나 효율적인 프로그램을 구사했는지를 스스로 평가하기 바란다.

본 예제에서는 다음과 같은 절차를 수행하고자 한다.

(1) 데이터 현황 : 고객의 생년월일, 성별, 직종과 소득 및 구매금액을 포함하는 고객 정보 데이터와 고객의 잠재가치와 현재가치를 환산한 고객 가치 데이터가 존재한다.

(2) 가중치 계산 : 고객 정보 데이터에서 연령그룹과 등록년수 변수를 생성하여 직종별 연령그룹별 등록년수별로 연소득과 구매금액의 가중치를 계산한다.

(3) 고객정보 갱신 : 계산된 각각의 가중치를 이용하여 현재 존재하고 있는 고객 가치 데이터에 update 하려 한다.

(4) 결과 보고서: 과거 계산된 고객 가치와 새로이 적용된 고객 가치의 차이를 비교하기 위한 집계 테이블을 작성한다.

7.1.1 데이터 Layout

대부분 데이터에 대한 정보가 체계적으로 정의되어 있는 경우에는 다음과 같은 데이터 Layout이 제공된다.

(1) 고객 정보 데이터 layout

고객의 일반정보를 나타내고 있다. 고객정보의 경우 수집되는 기술 및 경로에 따라 얼마든지 확장될 가능성 높다. 예를 들면, 구매한 제품, 구매 장소, 구매동기, 구매일자, 제품의 만족도 등을 추가될 수 있다.

Column	Type	Length	Label
No	N	10	고유번호
Birth_date	N	6	생년월일
Gender	C	1	성별
Salary	N	8	연소득
Purchase	N	8	구매금액
Enter_date	C	8	등록일
Category	C	1	직종

(2) 고객 가치 데이터 layout

고객 관점에서 Loyalty(충성도)가 높은 고객과 낮은 고객에 대한 차별적인 Program을 진행하여 고객과의 관계를 돈독히 하는 동시에 매출(수익)증대를 꾀한다. 이에 따라 수집된 고객정보 및 고객행동 정보로부터 고객의 가치를 계산하게 된다.
다음 Layout에 있는 잠재가치(sal_val)와 현재가치(pur_val)는 고객의 행동변화에 따라 가중치를 달리하여 가치점수를 보완하기 위한 하나의 장치이다.

Column	Type	Length	Label
No	C	10	고유번호
Age_grp	N	1	연령그룹
sal_val	N	8	잠재가치
pur_val	N	8	현재가치
Cust_val	N	8	고객가치
Category	C	1	직종
reg_grp	N	1	등록년수

(3) 직종 그룹 정보

Category	Description
A	전문직
B	자영업
C	사무직
D	노무직
E	주부
F	학생
G	기타

(4) **연령 그룹 정보**

Age_grp	Description
1	~ 30 미만
2	30 ~ 35 미만
3	35 ~ 40 미만
4	40 ~ 45 미만
5	45 이상 ~

7.1.2 데이터 처리

주어진 데이터 layout(데이터 Layout도 별도의 데이터셋으로 작성해야 한다)을 사용하여, 고객 정보 데이터와 고객 가치 데이터를 INFILE 한 후, 데이터 처리를 통하여 최종 계산된 고객 가치를 출력한다.

(1) **데이터 불러오기**

다음 사항을 매크로 반복문과 조건문을 사용하여 데이터 생성 프로그램을 작성하라.
고객 정보 데이터 layout : cust_info_layout
고객 가치 데이터 layout : cust_val_layout
고객정보의 변동(데이터 layout의 변동) 가능성에 대비하여 프로그래밍 한다. 즉, 변수(컬럼)가 추가되거나 변경되더라도 작성한 프로그램은 별도의 수정이 발생하지 않도록 작성해야 할 것이다. 유연성에 주안점을 두어 작성한다.

① 고객 정보 데이터 layout을 사용하여 해당 file을 읽어오라.

☞ File 명 : customer.csv (',' 로 구분되어 있음)
☞ 생성 데이터셋명 : customer

② 고객 가치 데이터 layout을 사용하여 해당 file을 읽어오라.

☞ File 명 : customer_val.csv(',' 로 구분되어 있음)
☞ 생성 데이터셋명 : customer_val

(2) 파생변수 생성

고객 정보 데이터의 생년월일과 등록일을 사용하여 현재일 기준으로 연령그룹과 등록년수의 파생변수를 생성하라.
연령그룹은 [(4) 연령그룹 정보 표]를 사용하라.

♠ SAS 날짜 계산함수에는 INTCK 함수가 있다.

☞ 연령그룹 변수 명 : age_grp
☞ 등록년수 변수 명 : reg_grp

(3) 가중치 계산

생성된 고객 정보 데이터를 활용하여 직종별 연령그룹별 등록년수별로 연소득과 구매금액의 가중치를 계산하라.

☞ 직종별 연령그룹별 등록년수별 연소득 가중치 계산 로직

$$= \frac{\text{(직종별 연령그룹별 등록년수별 연소득 합계)}}{\text{평균 연소득 금액}}$$

☞ 가중치 변수명 : wght1

☞ 직종별 연령그룹별 등록년수별 구매금액 가중치 계산 로직

$$= \frac{\text{(직종별 연령그룹별 등록년수별 구매금액 합계)}}{\text{평균 구매금액}}$$

☞ 가중치 변수명 : wght2

(4) 고객 가치 재계산

계산된 가중치를 이용하여 고객 가치 데이터를 직종별 연령그룹별 등록년수별 데이터 결합(join 등)을 통하여 고객 가치를 재계산하라.

☞ 고객 가치 계산 로직
= 잠재가치*wght1 + 현재가치*wght2
☞ 변수명 : cust_new_val

(5) 보고서 생성

Tabulate 프로시저 등을 사용하여 등록년수에 따른 직종별 연령그룹별 고객가치의 변화를 분석하는 보고서를 작성하라.

7.2 Group By 절과 Retain 문 활용

주어진 데이터를 활용하여 SQL 프로시저와 DATA 스텝을 통하여 동일 결과를 출력하는 문제이다. 두 개의 다른 스텝에서 동일 결과를 출력하더라도 수행속도 측면이나 개발자의 특성이나 습관에 따라 선호하는 프로그램은 다를 수가 있다.

♠ 단, 일반적인 경우 SAS 프로그래밍에서는 Proc SQL 스텝보다는 Data 스텝의 수행속도가 빠르다는 것을 명심하라.

7.2.1 문제 설명

(1) 데이터

EMP 데이터에는 emp_id / gender / region / grade / hobby / age / salary의 변수와 해당 값들로 이루어져 있다. 어느 회사의 인사정보에 해당하는 데이터이다.

(2) 문제

EMP 데이터에는 region과 grade라는 두 개의 Dimension 변수가 있다. Region과 grade별로 그 안에 있는 사람의 나이(Age) 합계가 50 이상인 region, grade, age의 결과를 출력하라.
Proc SQL과 DATA 스텝의 두 가지의 방법을 모두 사용하며 수행속도의 차이도 이해하라.

* 결과 예시

Region	Grade	Age
서울	1	53
서울	2	60
......	......	......

♠ Data 스텝에서 retain과 by문을 활용하라.

♠ Data 스텝에서 first와 last 옵션과 output 문장을 활용하라.

7.2.2 문제 해결 Step

(1) SQL 스텝

① Proc SQL 시작
② Select문과 From문을 통하여 해당 변수와 summary 정보 및 해당 데이터 지정
③ Group by 문에 해당 dimension 변수 지정
④ Having 문을 통하여 조건문 삽입
⑤ 스텝 종료 (Quit)

(2) DATA 스텝

① 해당 dimension 변수 정렬 수행
② Data 스텝 시작
③ Set 문에 해당 데이터 지정
④ By 문에 해당 정렬 변수 지정 혹은 그룹 변수 지정
⑤ Retain 문을 통한 summary 정보 저장 변수 선언
⑥ 해당 그룹 변수의 첫 번째 해당하는 observation일 경우 First 옵션을 활용하여 summary 정보 저장 변수에 초기값

할당
⑦ 아닌 경우 summary 정보 저장 변수에 해당 값 할당
⑧ summary 정보 저장 변수의 조건 삽입 및 output 문 활용
⑨ 해당 변수 keep
⑩ Data 스텝 종료

7.2.3 결과 프로그램

Proc SQL 스텝과 data 스텝에서 수행한 결과는 다음과 같다.

[표 7-1] Proc SQL 스텝 활용 프로그램

```
%LET path = %STR(D:\);
%LET lib  = Edu;
%LET data = Emp;
LIBNAME &lib "&path";

PROC SQL NOPRINT;
   CREATE TABLE result1 as
   SELECT region, grade, SUM(age) AS sum_age
   FROM &lib..&data
   GROUP BY region, grade
   HAVING SUM(age) >= 50;
QUIT;
```

[표 7-2] Data 스텝 활용 프로그램 예제-1

```
PROC SORT DATA=&lib..&data;
   BY region grade; run;
DATA result2;
   SET &lib..&data;
   BY region grade;
   RETAIN sum_age;
   IF FIRST.grade THEN sum_age = age;
   ELSE sum_age = sum_age + age;
   IF LAST.grade and sum_age >= 50 THEN
   OUTPUT;
   KEEP region grade sum_age;
run;
```

By 문에 선언되는 변수들은 필히 이전에 정렬작업이 수행되어져야 한다.
Retain 문을 통하여 sum_age라는 변수에 region, grade 별로 age의 합계를 수행하였다.
sum_age의 합계가 50 이상일 경우 해당 결과를 출력하였으며, 해당 변수들만 keep 하였다.

♠ Data 스텝에서는 observation을 read시 해당 변수를 초기화한다. 따라서 retain을 사용하지 않는다면 sum_age 변수는 다음 observation read시 초기화되기에 원하는 age의 합계를 산출할 수가 없다.

[표 7-3] Data 스텝 활용 프로그램 예제-2

```
PROC SORT DATA=&lib..&data;
   BY region grade;
DATA result3;
   SET &lib..&data;
   BY region grade;
   IF FIRST.grade THEN sum_age = age;
   ELSE                sum_age + age;
   IF LAST.grade AND sum_age >= 50
      THEN OUTPUT;
   KEEP region grade sum_age;
RUN;
```

Retain 문을 사용하지 않고, 동일 효과를 낼 수 있는 방법이 위와 같은 방법이다.
sum_age + age와 같은 방법으로 사용할 경우, retain문을 통해 sum_age를 선언하지 않더라도 시스템 내부적으로 sum_age를 retain 변수로 인식을 한다.

♠ sum_age + age와 같이 사용할 경우 둘 중에 하나의 값이 missing value일 경우 0으로 인식하고 값을 더해준다.

7.2.4 보조 프로그램

데이터 스텝에서 지역별로 나이의 누적 합계를 계산하는 방법은 다음과 같이 2가지 방법이 있다. 상기 결과의 FIRST 문장을 활용하거나 LAG 함수를 이용하는 방법이다. 물론 반드시 지역(그룹)별 정렬이 선행되어야 한다.
두 가지 방법 모두 지역(그룹)의 시작인지를 판단하여 시작값을 초기화해 주고 그렇지 않은 경우 같은 지역(그룹)인 경우 누적하는 방식을 택하고 있다. 따라서 두 예제는 동일한 결과를 제공한다. 다만 LAG 함수를 적용하는 것 보다 FIRST 문장이 속도 측면에서는 아주 미세하게 빠르다. 따라서 상기 예제에서도 FIRST를 적용한 결과를 제시한 것이다.
실무 프로그램 작성에서 많은 이들이 그룹별 연산을 위해 LAG 함수를 이용한 프로그램을 작성하고 있으나 필자의 경우 그룹의 시작과 끝을 쉽게 판단 가능한 FIRST와 LAST 문장을 사용한다.

[표 7-4] 그룹별 누적합계 계산 예제-1

```
DATA result4;
   SET &lib..&data;
   IF region=LAG(region) THEN sum_age+age;
   ELSE sum_age=age;
RUN;
```

[표 7-5] 그룹별 누적합계 계산 예제-2

```
DATA result5;
   SET &lib..&data;
   BY region;
   IF FIRST.region THEN sum_age = age;
   ELSE sum_age + age;
RUN;
```

7.3 날짜 계산 함수 활용 및 반복문 수행

SAS의 강력한 기능 중 하나가 바로 날짜 계산이 용이하다는 것이다. SAS에서는 date와 관련된 많은 형태를 제공하고 있으며 다수의 날짜 계산 함수를 제공하고 있다.
본 문제에서는 INTCK()와 INTNX() 함수의 사용법을 익히며, output 문을 활용하여 해당 결과를 출력하는 것이다

※ INTNX 함수
INTNX('Interval', From-Date, Interval 수치)
: From-Date로부터 정의한 "interval"의 지정(year, month, day 등)에 따라 Interval 수치까지의 날짜를 계산한다.
※ INTCK 함수
INTCK('Interval', From-Date, To-Date)
: From-Date로부터 정의한 "interval"의 지정(year, month, day 등)에 따라 To-Date 날짜까지의 간격을 계산한다.

7.3.1 문제 설명

이 예제는 은행 등에서 이자를 계산하기 위해 가입일자를 기준으로 월별 일자를 계산하기 위해 사용된다. 즉, 2005년 11월 10일에 대출을 받고 말일 기준의 이자 정산방법이라면 11월 30일 이자가 계산되고, 12월 31일, 2006년 1월 31일 등과 같이 월별로 이자를 계산하는 날짜가 상이하게 된다.
여기서는 월말기준이 아니라 대출을 받은 날짜를 기준으로 1개월 후, 즉 12월 10일을 찾는 방법과 며칠이 경과했는지를 알아내는 예제이다.
우선 %Let 문장을 활용하여 stan_day 변수에 yyyymmdd의 형태로 날짜를 저장한다.
지정된 stan_day 날짜를 기준으로 하여, 반복문을 통하여 향후 0 - 12개월의 날짜를 생성(gijun)하며, stan_day로부터 경과 일수(pass)를 기록한다.

최종 생성된 13개의 관찰치를 out이라는 최종 데이터에 생성한다. 단, 처음 저장한 stan_day의 값이 해당 월의 말일이면, 향후 12개월의 해당 월들은 모두 말일이여야 하며, 그렇지 않다면 stan_day의 일과 동일해야 한다. 각 월마다 말일이 다르며, 특히 2월의 경우는 다르다는 것을 감안해야 한다.

<u>* 결과 예시</u>

gijun	pass
2005-08-17	0
2005-09-17	31
......	......
2006-08-17	365

gijun 변수에 해당하는 값을 생성 시 INTNX 함수를 사용한다. 또한 end 옵션을 통하여 해당 월의 말일을 가져온다. pass 변수에 해당하는 값을 생성 시 INTCK 함수를 사용한다.

7.3.2 문제 해결 Step

① %Let 문을 활용하여 Stan_day에 해당 기준값 할당
② Data 스텝 시작
③ Stan_day를 SAS 날짜 포맷으로 변경
④ 해당 Stan_day의 날짜가 말일 여부 Check
⑤ 반복문 수행 (0 - 12)
⑥ 말일일 경우 gijun 변수에 INTNX 함수를 활용하여 반복문에 따른 말일 할당
⑦ 그렇지 않을 경우, INTNX 함수를 활용하여 stan_day의 일과 동일한 일 할당
단, 2월의 경우 stan_day의 일과 2월의 말일 비교하여 값 할당
⑧ 경과일수 pass 변수에 INTCK 함수를 활용하여 값 할당
⑨ 해당 결과 output 문을 통하여 출력

⑩ 반복문 종료
⑪ 해당 변수 keep
⑫ Data 스텝 종료

7.3.3 결과 프로그램

해당 수행 결과 프로그램은 다음과 같다.

[표 7-6] 결과 프로그램

```
%LET stan_day = 20050830;
DATA out;
   gijun1 = INPUT("&stan_day",yymmdd10.);
   IF day(gijun1) =
     DAY(INTNX('month',gijun1,0,'end'))
   THEN chk = 'Y';
   ELSE chk = 'N';
   DO i=0 TO 12;
      IF chk = 'Y' THEN gijun =
      PUT(INTNX('month',gijun1,i,'end')
                                   ,yymmdd10.);
      ELSE DO;
      IF MONTH(INTNX('month',gijun1,i)) = 2 and
        DAY(INTNX('month',gijun1,i,'end')) <=
        DAY(gijun1) THEN gijun =
    PUT(INTNX('month',gijun1,i,'end'),yymmdd10.);
      ELSE gijun =
        PUT(INTNX('month',gijun1,i)+day(gijun1)-1,
              yymmdd10.);
      END;
      pass =
      INTCK('day',gijun1,input(gijun,yymmdd10.));
      OUTPUT;
   END;
   KEEP gijun pass;
RUN;
```

7.4 매크로를 활용하여 Layout을 통한 데이터 생성 및 파생 변수 생성

일반 Text 형태의 파일(구분자: 공백, 콤마, 탭 등)을 통하여 데이터셋을 생성할 때 파일 layout의 변경(컬럼이 추가, 변경되는 경우)이 되면 해당 프로그램을 매번 수정해야 한다. 이러한 작업은 여러 개의 파일인 경우에는 상당히 번거로울 뿐만 아니라 정확히 데이터셋이 생성이 되는지 검증하는 등의 불필요한 시간이 소모된다. 따라서 입수 파일 layout 만의 수정, 보완을 통하여 데이터셋 생성을 수행하는 것이 가장 바람직할 것이다. 이 예제는 입수 파일 layout에 따른 데이터셋 생성하는 과정의 자동화에 목적이 있으며 생성된 데이터를 통하여 파생변수를 생성하는 데에 그 목적이 있다.

7.4.1 문제 설명

(1) 데이터

해당 입수 파일은 Group1/Group2/Group3/Year/Month/Salary의 변수와 해당 값들로 이루어졌다.
입수 파일은 코마 구분자로 정의된 CSV 파일로 정의되어 있다. 해당 변수의 type과 length는 입수 파일 layout 데이터에 기록되어 있다.

해당 변수의 설명은 다음과 같다.
Group1 : 출생 지역
Group2 : 성별
Group3 : 결혼 유무
Year : 출생연도
Month : 출생월
Salary : 연봉

(2) 문제

입수 파일 layout 데이터를 통하여 매크로 문을 활용하여 해당 데이터를 생성한다.
매크로의 반복문과 조건문을 사용하여 해당 변수의 type과 length를 읽어 해당 변수(컬럼)에 대한 정확한 속성을 읽어 정의한다. 생성된 데이터의 출생년도(Year)와 출생월(Month)의 변수를 통하여 파생변수 나이(AGE)를 계산하여 생성한다. 또한, 전체 salary 대비 각 사람의 salary 비율을 계산하여 sal_por 파생변수를 생성한다.
Group1, group2, group3 별로 정렬하여 생성된 sal_por의 누적값을 계산하여 cumul 파생변수를 생성하고 생성된 cumul의 70% 이하인 값만 출력한다.
생성된 최종 sal_por, cumul은 percent의 format을 적용하여 출력한다.
상기 모든 계산 과정(나이 계산, salary portion 생성, 누적값 생성하는 부분)은 하나의 데이터 스텝으로 처리한다.

7.4.2 문제 해결 Step

(1) 데이터 생성

① 매크로 선언
② 입수 파일 layout을 통하여 매크로 변수 생성 (Call SYMPUT)하고 변수의 위치 순서대로 일련번호(Sequential No.)를 부여하여 매크로 변수를 생성
  - Column 명 매크로 변수 생성
  - Column Type 매크로 변수 생성
  - Column Length 매크로 변수 생성
  - Column 총 개수 매크로 변수 생성
③ 데이터 생성 데이터 스텝 시작
④ INFILE 문 적용하여 파일의 위치 및 delimiter 지정
⑤ 매크로 반복문과 조건문을 이용하여 length 문장을 생성하

고 변수의 총 개수만큼 반복하면서 해당 column 명과 length를 읽어오고 변수 type을 읽으면서 숫자인지 문자인지 지정한다.

⑥ 매크로 반복문과 조건문을 통하여 input 문 생성하고 변수의 총 개수만큼 반복하여 해당 column 명과 변수 type을 읽어오면서 숫자 형태의 값인지 문자 형태의 값인지를 지정하도록 한다.

⑦ 매크로 종료

⑧ 매크로 실행

(2) 파생변수 생성

① 생성된 데이터를 통하여 salary total 값 매크로 변수 생성

② Group1/group2/group3 별로 데이터 정렬

③ 파생변수 생성을 위한 데이터 스텝 시작

④ 누적값 cumul 변수 retain 변수로 선언

⑤ INTCK 함수를 이용하여 age 계산
- MDY 함수를 통하여 출생년월(여기서는 문자형 값임)을 date format으로 변경

⑥ 생성된 매크로 변수 salary total 값을 통하여 salary portion 생성

⑦ salary portion의 누적값을 생성

⑧ 70% 이하인 값만 출력하는 조건문 삽입

⑨ salary portion과 누적값에 대해서는 percent10.2 format으로 적용

⑩ 데이터 스텝 종료

7.4.3 결과 프로그램

해당 수행 프로그램은 다음과 같다.

(1) 데이터 생성 프로그램

[표 7-7] 결과 프로그램

```
%LET path = %STR(D:\);
%LET lib  = Edu;
%LET data = Sample;
LIBNAME &lib "&path";

%MACRO makedata;
   DATA _NULL_;
      SET &lib..&data._layout;
      CALL SYMPUT(COMPRESS('column'||_N_)
                  ,TRIM(column));
      CALL SYMPUT(COMPRESS('type'||_N_)
                  ,TRIM(type));
      CALL SYMPUT(COMPRESS('length'||_N_)
                  ,COMPRESS(length||'.'));
      CALL SYMPUT('n',COMPRESS(_N_));
   RUN;
   DATA &lib..&data;
      INFILE "&path\&data..csv" FIRSTOBS=1
             DLM=',';
      LENGTH
        %DO i=1 %TO &n;
          &&column&i
          %IF %UPCASE(&&type&i) = C
             %THEN $&&length&i;
          %ELSE 8.;
        %END;
      ;
      INPUT
        %DO i=1 %TO &n;
          &&column&i
          %IF %UPCASE(&&type&i) = C %THEN $;
        %END;
      ;
   RUN;
%MEND;
%makedata;
```

(2) 파생변수 생성 프로그램

[표 7-8] 결과 프로그램 – Retain 활용

```
%LET path = %STR(D:\);
%LET lib  = Edu;
%LET data = Sample;
LIBNAME &lib "&path";

* Salary Total 값 매크로 변수 생성 ;
PROC SQL NOPRINT;
   SELECT SUM(salary) INTO : sum_salary
   FROM &lib..&data;
QUIT;
%PUT &sum_salary=;

PROC SORT DATA=&lib..&data OUT=&data;
   BY group1-group3;
RUN;

DATA &data._out;
   SET &data;
   RETAIN cumul 0;
   age = INTCK('year',MDY(month,1,year),
               TODAY())+1;
   sal_por = salary/&sum_salary;
   cumul = cumul + sal_por;
   IF cumul <= 0.7;
   FORMAT cumul sal_por PERCENT10.2;
RUN;
```

7.5 Retain을 활용하여 조건 생성한 데이터 저장

어떤 그룹을 생성할 때 프로그램 코드로 일일이 처리하는 과정을 익혔다. 이 예제에서는 이러한 조건들도 별도의 데이터셋으로 관리하여 조건이 변경되더라도 그룹을 만드는 해당 프로그램을 일일이 수정하는 것이 아니라 조건이 저장된 데이터셋만을 변경하기 위한 방법을 설명한다. 특히 이 예제에서는 RETAIN 문장을 활용하여 해당 데이터에서 조건을 생성하여 데이터셋으로 저장하는 과정을 설명한다.
이 예제는 데이터의 형태에 따라 존재하는 두 개의 데이터셋을 join이나 merge를 통하여 데이터를 결합하기 어려운 경우에 적용하기 어려운 경우 RETAIN 문장을 응용하여 해결하는 방법을 제시한다. RETAIN 문장은 숫자형 변수뿐만 아니라 문자형 변수도 같은 원리로 값을 저장해 준다.

7.5.1 문제 설명

(1) 데이터

해당 데이터는 제품별로 특정 조건(제품 사양)을 묶어서 하나의 group으로 표현한 것이다. 제품별로 제품의 사양별로 해당 값들이 나열되어 있으며 제품은 color tv / monitor / refrigerator로 구성되어져 있다.

해당 변수들은 다음과 같다.
Prod_cd : 제품 Code
Group : Group Code
Spec_nm : 제품의 사양 (예: 화면 크기)
Spec_val : 제품 사양에 해당하는 값(value) (예: 32인치)

(2) 문제 설명

해당 제품별 실적 테이블이 존재한다. 실적 테이블에는 제품코드와 해당 제품의 특징이 변수로 존재한다.
실적 테이블에서 group code별로 실적 값을 가져오려 하는데 join을 수행하지 않고 저장된 조건 정보를 통하여 값을 가져오려 하는 것이다.
동일 spec_nm 끼리는 or 조건이 성립되며, 다른 spec_nm 끼리는 and 조건이 성립된다.

생성되는 output은 다음과 같다.

Prod_cd	Group	Condition
CTV	Group1	Size in ('10','11') and type in ('Flat')
……	……	…….

input 데이터 observation : 32
output 데이터 observation : 4

7.5.2 문제 해결 Step

① 데이터 정렬 수행
  - By prod_cd group spec_nm spec_val
② 데이터 스텝 시작
③ 조건문 저장 변수 선언
  - Length문을 통한 길이 지정
  - Retain 변수로 선언
④ 해당 group의 첫 번째 observation check
  - 조건문에 초기화 조건 저장
⑤ 그렇지 않은 경우
  - 첫 번째 spec_nm인 경우에 조건문 생성
  - 그렇지 않은 경우 조건문 생성
⑥ 해당 그룹의 마지막 observation check
  - 조건문 최종 생성
  - 출력 (Output)
⑦ 해당 변수 keep
⑧ 데이터 스텝 종료

7.5.3 결과 프로그램

[표 7-9] 결과 프로그램

```
%LET lib  = temp;
%LET path = %STR(D:\);
LIBNAME &lib "&path";
%LET data = product;

PROC SORT DATA=&lib..&data OUT=&data;
   BY prod_cd group spec_nm spec_val;
RUN;

DATA &data._out;
   SET &data;
   LENGTH condition $2000.;
   BY prod_cd group spec_nm;
   RETAIN condition;
   IF FIRST.group THEN DO;
      condition = TRIM(spec_nm)||" in
                     ('"||TRIM(spec_val)||"'";
   END;
   ELSE DO;
      IF ^FIRST.spec_nm THEN DO;
         condition =
         TRIM(condition)||",'"||TRIM(spec_val)||"'";
      END;
      ELSE DO;
         condition = TRIM(condition)||") and
   "||TRIM(spec_nm)||" in ('"||TRIM(spec_val)||"'";
      END;
   END;

   IF LAST.group THEN DO;
      condition = TRIM(condition)||")";
      OUTPUT;
   END;
   KEEP prod_cd group condition;
RUN;
```

7.6 불규칙한 데이터 read

일반적으로 raw file이나 list로 이루어진 자료를 읽어 데이터를 생성하다 보면 규칙적인 상황보다는 불규칙한 상황에서 자료를 처리하는 부분에 자주 직면하게 된다.
INFILE이나 input 문의 적절한 활용과 함께 나름대로의 사용자의 해결 로직이 들어가야 하는 부분이다.

7.6.1 문제 설명

(1) 데이터

다음과 같은 불규칙한 자료가 존재한다.
Company, period, price라는 변수가 존재하며 해당 company의 이름은 데이터들의 첫 번째에만 기록이 되어 있고 그 다음 라인부터 실적 자료가 이어진다.

```
-------------------------------------------
삼성 전자 2003/05/15 315,000
2003/05/14 309,500
2003/05/13 316,000
LG 화학 2003/05/15 42,100
2003/05/14 41,300
2003/05/13 42,300
-------------------------------------------
```

(2) 문제 설명

Company, period, price라는 변수로 이루어진 자료이며 첫 번째 입력이 되어 있는 company의 이름은 다음 observation에서 동일하게 적용이 되어야 한다.
해당 output은 다음과 같다.

```
-------------------------------------------
Company     Period        Price
삼성 전자   2003/05/15    315,000
삼성 전자   2003/05/15    309,500
......      ......        ......
-------------------------------------------
```

7.6.2 문제 해결 Step

(1) Input 문에서 @, #n 기능 활용

① 데이터 스텝 시작
② Input 문을 통하여 첫 번째 observation read
③ 마지막 값을 read 후, @와 #n 옵션 사용
@ : 해당 라인에서 Holding
#n : 입력포인터의 위치를 데이터의 매 n번째 행의 첫 열로 이동
④ Output 문장 활용하여 데이터 출력
⑤ Input 문을 통하여 두 번째 observation read
- 입력되어 있지 않은 값은 #n의 포인터에 있는 값을 read 후 #n의 포인터부터 해당 값 read
⑥ Output 문장 활용하여 데이터 출력
⑦ Input 문을 통하여 세 번째 observation read
- 입력되어 있지 않은 값은 #n의 포인터에 있는 값을 read 후 #n의 포인터부터 해당 값 read
⑧ 데이터 스텝 종료
⑨ 데이터 스텝 시작
⑩ 위에서 만들어진 두 개의 comp1, comp2의 값 concatenate
⑪ 불필요한 변수 drop
⑫ 데이터 스텝 종료

(2) SAS Function 활용

① 데이터 스텝 시작
② Input 문을 통하여 해당 observation 있는 값의 전체 read
③ Reverse 함수와 scan 함수를 통하여 period 값을 read
③ Reverse 함수와 scan 함수를 통하여 price 값을 read
④ Index 함수를 통하여 period의 포인터 check
⑤ 포인터가 1보다 큰 값일 경우
- Company는 substr 함수를 통하여 1부터 해당 위치까지 값 read

⑥ Company retain 변수로 할당
⑦ 해당 price format 정보 할당
⑧ 불필요한 변수 drop
⑨ 데이터 스텝 종료

7.6.3 결과 프로그램

[표 7-10] @, #n 기능을 활용한 결과 프로그램-1

```
DATA inp_test;
   INPUT comp_1 $ comp_2 $ period $ 10. price
         comma8. @ #1; OUTPUT;
   INPUT #2 period $ price comma8. @ #1 ;
         OUTPUT;
   INPUT #3 period $ price comma8.;
         OUTPUT;
CARDS;
삼성 전자 2003/05/15 315,000
2003/05/14 309,500
2003/05/13 316,000
LG 화학 2003/05/15 42,100
2003/05/14 41,300
2003/05/13 42,300
;
```

[표 7-11] @, #n 기능을 활용한 결과 프로그램-2

```
data stock;
   LENGTH company $10. period $ 10. ;
   SET inp_test;
   company=TRIM(comp_1)||" "||TRIM(comp_2);
   DROP comp_1 comp_2;
RUN;
```

[표 7-12] SAS function을 활용한 결과 프로그램

```
DATA stock;
   LENGTH company $10. date $10.;
   FORMAT stock_price COMMA8.;
   RETAIN company;
   INPUT imsi $30.;
   date = REVERSE(SCAN(REVERSE(imsi),2,''));
   stock_price = INPUT(REVERSE(SCAN(REVERSE(
                 imsi),1,'')),COMMA8.);
   IF INDEX(imsi,TRIM(date)) > 1 THEN
      company = SUBSTR(imsi,1,INDEX(
                imsi,TRIM(date))-2);
   DROP imsi;
CARDS;
삼성 전자 2003/05/15 315,000
2003/05/14 309,500
2003/05/13 316,000
LG 화학 2003/05/15 42,100
2003/05/14 41,300
2003/05/13 42,300
;
```

♠ Scan function : 해당 변수의 값에서 특정 delimiter의 문자를 기준으로 position에 해당하는 값을 치환해주는 역할 수행

♠ Reverse function : 해당 변수의 값을 반대로 치환해주는 역할 수행

♠ Index function : 해당 변수의 값에서 특정 문자의 시작 위치의 값을 치환해주는 역할 수행

7.7 비교 로직을 통한 return value 생성

프로그램 작성의 많은 부분은 비교 구문이 차지한다. 예를 들어 IF 문장 또는 WHERE 문장 사용의 경우이다.

비교 구문을 어떻게 사용하느냐에 따라 프로그램 수행속도에

차이가 발생할 뿐만 아니라 결과물의 정확성에도 밀접한 관련이 있고 논리적 오류의 대부분이 여기에서 발생한다.
비교 구문을 모든 case 별로 나열한 것을 array이나 다른 방법으로 간단하게 구현할 수도 있을 것이다.

7.7.1 문제 설명

(1) 데이터

다음과 같은 자료가 존재한다.
각 관찰치별로 세 개의 날짜(dt1, dt2, dt3)가 나열이 되어 있다.
여기에는 결측치도 존재를 한다.

```
---------------------------------------------
  2002-03-08 2003-09-11 2003-03-18
  . 2005-05-18 2004-06-20
  2001-01-28 2002-03-24 2001-11-29
  2003-05-12 2001-01-03 .
  2001-08-25 2002-03-04 2001-10-02
  2003-04-30 2001-09-12 2002-09-18
  2002-03-08 . 2003-03-18
  2001-01-23 2001-01-22 2001-02-20
  2002-11-28 2002-12-11 2002-12-12
  2002-11-28 2002-12-11 2002-12-11
  2002-12-11 2002-12-11 2002-12-11
---------------------------------------------
```

(2) 문제 설명

각 observation별로 나열된 3개의 날짜의 크기를 비교하여 큰 순서(가장 최근 날짜이면 1)대로 1, 2, 3의 값을 할당하라.
해당 날짜는 dt1, dt2, dt3이라는 변수로 할당하며 비교를 통한 해당 결과 값을 ord1, ord2, ord3이라는 변수로 할당하라.
단, 다음과 같은 조건이 존재를 한다.
① 결측치의 경우는 3의 값으로 할당한다.

② 같은 날짜(Tie)의 경우는 동일한 순위로 할당한다.
③ 또한 1의 값으로 할당된 값이 두 개라면 다음 날짜는 2가 아닌 3의 값으로 할당한다.

해당 output은 다음과 같다.

dt1	dt2	dt3	ord1	ord2	ord3
2002-03-08	2003-09-11	2003-03-18	3	1	2
	2005-05-18	2004-06-20	3	1	2
2002-11-28	2002-12-11	2002-12-11	3	1	1
2002-12-11	2002-12-11	2002-12-11	1	1	1
....	......	......	......	....	....

7.7.2 문제 해결 Step

문제를 해결하는 방법은 다수의 방법이 존재한다.
본 절에서는 크게 두 개의 방법으로 접근한 step에 대해서 설명한다.
- Array를 활용한 해결 step
- Transpose procedure를 활용한 해결 step

(1) Array 활용

① Input문을 통한 데이터 생성
  - id/dt1/dt2/dt3 변수로 데이터 생성
② 비교 변수를 array dt 선언
③ 해당 결과 변수 array ord 선언
④ 해당 변수만큼 반복문 시작
⑤ 해당 결과 변수에 초기값 1 할당
⑥ 해당 변수와 비교할 변수만큼 반복문 시작
⑦ 동일 변수가 아닐 경우 비교 로직 수행
  - 비교 로직 1 : 해당 변수가 비교 변수보다 작을 경우 초기값에 +1

- 비교 로직 2 : 해당 변수가 비교 변수보다 클 경우 유지

⑧ 반복문 종료

⑨ 불필요한 변수 drop

(2) Transpose procedure 활용

① Id 별로 transpose를 하기 위해 id별로 정렬 수행

② Id 별로 dt1, dt2, dt3의 값을 transpose 수행

③ Id 별로 col1의 값을 내림차순 정렬 수행

④ 데이터 스텝 시작
- Id 별로 by 문 수행
- 값을 비교하기 위한 chk retain 변수 선언
- Val 변수 length 지정

⑤ 로직 수행
내림차순으로 정렬을 했기에, 첫 번째에 해당하는 값은 무조건 1의 값으로 return 한다.
- ID별 첫 번째 값의 경우
  : ord 변수에 1 값 return
  : 중복 count no 변수에 1 값 return
- 그렇지 않을 경우
  : 전 observation의 값과 동일할 경우
    - ord 변수의 값 유지
    - 중복 count no 변수에 +1
  : 그렇지 않을 경우
    - ord + no
    - no 값 초기화(=1)

⑥ Val 변수에 최종 결과값 return
- Col1 + ord

⑦ 재 transpose 수행을 위한 정렬 수행

⑧ Transpose 수행

⑨ Val의 변수에서 dt1-dt3, ord1-ord3 변수 발췌
- Scan 함수 적용

⑩ 데이터 스텝 종료

7.7.3 결과 프로그램

[표 7-13] 데이터 생성 결과 프로그램

```
%LET in  = in_data;
%LET out = out_data;

DATA &in;
   LENGTH id $2. dt1 dt2 dt3 $10.;
   id = PUT(_N_,z2.);
   INPUT dt1 $ dt2 $ dt3 $ ;
CARDS;
2002-03-08 2003-09-11 2003-03-18
. 2005-05-18 2004-06-20
2001-01-28 2002-03-24 2001-11-29
2003-05-12 2001-01-03 .
2001-08-25 2002-03-04 2001-10-02
2003-04-30 2001-09-12 2002-09-18
2002-03-08 . 2003-03-18
2001-01-23 2001-01-22 2001-02-20
2002-11-28 2002-12-11 2002-12-12
2002-11-28 2002-12-11 2002-12-11
2002-12-11 2002-12-11 2002-12-11
;
```

[표 7-14] Array를 활용한 결과 프로그램

```
DATA &out.1;
   SET &in;
   ARRAY dt{*}  dt1  - dt3;
   ARRAY ord{*} ord1 - ord3;
   DO i=1 TO DIM(dt);
      ord{i} = 1;
      DO j=1 TO DIM(dt);
         IF i NE j THEN DO;
            IF dt{i} > dt{j}
               THEN ord{i} = ord{i};
            ELSE IF dt{i} < dt{j}
               THEN ord{i} = ord{i} + 1;
         END;
      END;
   END;
   DROP i j;
RUN;
```

[표 7-15] Transpose procedure를 활용한 결과 프로그램 - 로직 수행을 하기 위한 1차 단계

```
PROC SORT DATA=&in OUT=&in.1;
   BY id;
RUN;
PROC TRANSPOSE DATA=&in.1 OUT=&in.1;
   BY id;
   VAR dt1-dt3;
RUN;
PROC SORT DATA=&in.1;
   BY id DESCENDING col1;
RUN;
```

[표 7-16] Transpose procedure를 활용한 결과 프로그램 - 로직 수행 단계

```
data &in.2;
   set &in.1;
   by id;
   length val $15.;
   retain chk;
   if first.id then do;
      no    = 1;
      ord   = 1;
      chk = col1;
   end;
   else do;
      if chk = col1 then do;
         ord = ord;
         no + 1;
      end;
      else do;
         ord + no;
         no = 1;
      end;
      chk = col1;
   end;
   val = " "||compress(col1||"_"||ord);
   keep id _name_ val;
run;
proc sort data=&in.2; by id _name_; run;
proc transpose data=&in.2
                out=&in.2(drop=_name_ id);
   by id;
   id _name_;
   var val;
run;
data &out.2;
   set &in.2;
   array dt{*}  dt1  - dt3;
   array ord{*} ord1 - ord3;
   do i=1 to dim(dt);
      ord{i} = input(scan(dt{i},2,"_"),2.);
      dt{i}  = compress(scan(dt{i},1,"_"));
   end;
   drop i;
run;
```

7.8 중복 값 발췌 및 summary 수행

프로그램을 수행하기 전 선행되어야 할 작업은 해당 데이터의 정확한 분석과 특성을 잘 파악해야 한다.
때론 프로그램의 결과가 부정확할 때, 먼저 데이터를 보지 않고 프로그램의 오류를 먼저 파악하는 것을 간혹 보게 된다.
중복된 값이 발생하면 안 되는데, 그러한 값들이 입력이 되어서 해당 프로그램은 아무런 문제가 없는데 부정확한 결과가 산출이 될 때가 자주 발생을 하기 때문이다.

7.8.1 문제 설명

(1) 데이터

Customer 데이터에는 No / Birth_date / Gender / Salary / Purchase / Enter_date / Category 의 변수와 해당 값들로 이루어졌다.
물건을 구입한 사람의 생년월일, 성별, 연봉, 구매금액, 구매일자, 직종 등의 정보를 가지고 있다.
동일 생년월일과 구매일자가 중복이 발생하고 있다.

(2) 문제 설명

성별이나 다른 변수와는 관계없이 생년월일 정보가 중복이 발생하고 있다.

① 중복된 생년월일의 정보를 발췌하라.
② 중복된 생년월일의 정보를 활용하여, 중복된 각 생년월일 중에서 최근 2개의 구매일자에 구입한 구매금액을 합산하라. 단, 동일 구매일자 존재 시에는 해당 평균금액을 대입하여 계산하라.

해당 output은 생년월일별 구매금액 결과이다.

7.8.2 문제 해결 Step

본 문제를 해결하기 위해서는 크게 3개의 스텝으로 이루어져야 한다. 물론, 다른 방법이 존재할 수도 있다.

① 중복된 생년월일의 정보 추출
② 각 생년월일별 최근 2개의 구매일자 정보 추출
③ 생년월일별 구매일자별 구매 평균금액을 산출 후 생년월일별 구매 평균 금액의 합 산출

중복된 값을 추출하는 방법에는 다수의 방법이 존재하지만, 본 절에서는 SQL procedure를 활용하여 sub query를 이용하는 방법에 대해서 설명한다.

(1) 중복된 생년월일 정보 추출

SQL procedure의 문법의 순서가 아닌 로직 순서대로 설명한다.

① Having 절을 활용하여 중복이 발생하는 생년월일을 distinct하게 추출
- Having count(*) > 1
즉, 개수가 1보다 크다는 것은 중복이 발생한다는 것
② 해당 데이터의 조건에서 위에서 추출한 생년월일을 in 조건을 통하여 발췌
③ 구매일자의 연도가 4자리가 아닌 2자리로 표현된 문자이므로 sam 날짜 format 형태로 변경
- redate 파생 변수 생성
④ 생년월일별 구매일자를 내림차순으로 정렬
⑤ 최종 데이터 생성

♠ Having 절 : SQL procedure에서 group by를 사용 시 해당하는 조건절 삽입

(2) 생년월일별 최근 2개의 구매일자 추출

① 데이터 스텝 시작
② By 절에 birth_date, 내림차순 정렬된 redate 삽입
③ retain 변수로 Num 값 생성
- Birth_date, 내림차순으로 정렬된 redate별로 1부터 시작하는 값 할당
- 동일 구매일자의 경우 동일 Num을 부여
- 그렇지 않을 경우, Num+1

  최종 중복 구매일자를 포함해서 2 이하인 값을 추출하기 위해 Num 파생 변수 생성

④ 첫 번째 해당하는 값(first.birth_date)에 초기값 1 할당
⑤ 그렇지 않을 경우
- 첫 번째 해당하는 값(first.redate)에 Num+1 값 할당
- 그렇지 않을 경우 Num 값 유지

⑥ 최종 Num 값 중 2 이하인 값 추출
⑦ 불필요한 변수 drop
⑧ 데이터 스텝 종료

(3) 생년월일별 구매 금액 합계

Sub-query를 활용하여 SQL procedure로 설명한다.
① Birth_date, Num별로 구매 평균 금액 산출
- Group by birth_date, Num
- avg(purchase)

② 위에서 산출된 결과를 활용하여 birth_date별 구매 평균 금액 합산
- Group by birth_date
- sum(purchase)

③ 최종 데이터 생성

7.8.3 결과 프로그램

[표 7-17] 중복된 생년월일 정보 추출 결과 프로그램

```
%let path = %STR(D:\);
%let lib  = Edu;
%let data = Customer;
LIBNAME &lib "&path";

PROC SQL NOPRINT;
  CREATE TABLE &data as
  SELECT *, input(enter_date,yymmdd8.) as redate
  FROM &lib..&data
  WHERE birth_date in
          (SELECT birth_date
           FROM &lib..&data
           GROUP BY birth_date
           HAVING COUNT(*) > 1)
   ORDER BY birth_date, calculated redate DESC;
QUIT;
```

♠ Calculated : Select 구문에서 생성된 파생변수를 where, group by, order by에서 바로 사용 가능하게 하는 구문

[표 7-18] 생년월일별 최근 2개 구매일자 추출 결과 프로그램

```
data &data.1;
   set &data;
   by birth_date descending redate;
   if first.birth_date then num = 1;
   else do;
      if first.redate then num+1;
      else num=num;
   end;
   if num <= 2;
   drop redate;
run;
```

[표 7-19] 생년월일별 구매 금액 합계 결과 프로그램

```
proc sql noprint;
   create table &data.2 as
   select birth_date, sum(purchase) as purchase
   from (select birth_date, num,
                  avg(purchase) as purchase
          from &data.1
         group by birth_date, num)
   group by birth_date;
quit;
```

chapter 08 C/S 환경 활용

일반적으로 대용량의 데이터를 핸들링 할 경우에 로컬 PC에서 수행 완료되는 시간은 상당할 것이다. 아무리 로컬 PC의 성능이 향상이 되었다고 하지만 한계가 반드시 존재한다. 이와 같이 성능적인 한계를 극복하기 위한 방법으로 Server와 Client 환경을 고려할 수 있다. SAS는 SAS가 설치되어 있는 Server와 Client 간의 연결을 위해서 SAS/Connect 제품을 활용하여 서로 데이터와 여러 다른 파일을 공유하고, Upload/Download를 수행한다.
C/S 환경 하에서는 크게 두 가지의 방법으로 작업을 수행할 수가 있다.

- Server의 데이터를 통하여 Server에서 processing을 수행하여 결과를 return 받는 방법
- Server의 데이터를 통하여 로컬 PC에서 processing을 수행하며 결과를 return 받는 방법

일반적으로는 첫 번째에 언급한 데이터와 프로세싱이 모두 Server에 존재하는 방법이지만 종종 후자의 방법이 사용되기도 한다.

본장에서는 SAS/Connect를 통하여 Server에 연결을 위해 필요한 프로그램 설명과 사용방법에 대해서 설명한다.
Server에 연결하는 작업을 SAS에서는 Signon이라는 용어를 사용하고 Server의 O/S에 따라서 사용되는 연결 script가 상이해진다. 서버 O/S는 Windows를 기준으로 설명을 하고 로컬 PC를 Server로 활용하는 방법에 대해서 설명한다. 만약, Server가 존재한다면 해당 연결 script에서 서버의 IP Address와 Server O/S에 따른 연결 script명을 변경해주면 된다.

8.1 Server 연결 방법

해당 Server의 IP Address 정보, Server O/S, Server 연결 방법, 로그인 정보 등을 프로그래밍하여 Server와 연결을 만들 수 있다. 본 절에서는 로컬 PC를 Server로 가정하여 설명하고자 한다. 또한 O/S를 Windows로 가정한다.

(1) SAS/Spawner 실행하기

Server와 Client 간에 통신을 하기 위해서 SAS/Spawner가 실행이 되어 있어야 한다. SAS/Spawner는 SAS가 설치되어 있는 폴더에 spawner.exe라는 실행 파일로 존재한다.
SAS가 설치되어 있는 directory가 "C:\Program Files\SAS Institute\SAS\V8"일 경우 DOS 창에서 해당 directory에 이동을 하여 다음의 명령어를 사용한다.

[표 8-1] Spawner 실행 명령어

```
spawner.exe -c tcp
```

[표 8-2] Spawner 실행 화면

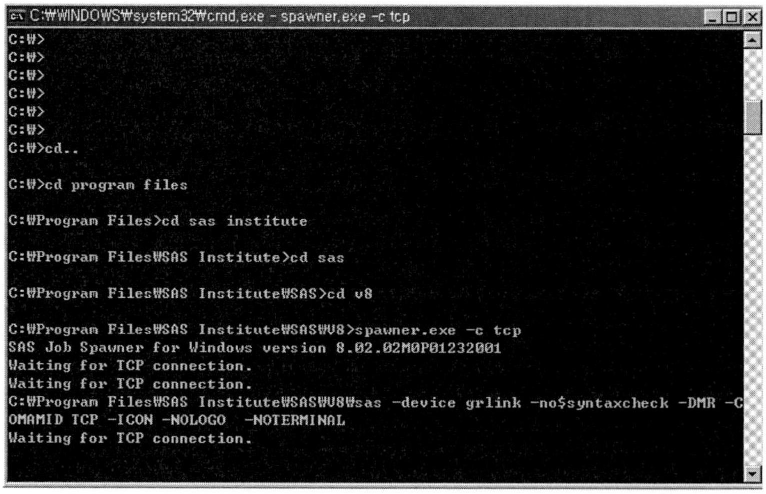

(2) Server 연결 프로그램

Spawner를 실행한 후에는 해당 연결 프로그램을 작성한다. 해당 SAS 프로그램을 작성하기 위해서는 Server의 IP Address 정보, Server O/S의 정보를 통하여 해당 프로그램을 작성한다.

Server IP Address : 127.0.0.1
Server O/S : Windows

[표 8-3] Server 연결 프로그램

```
%let Test=127.0.0.1;
options remote=Test comamid=tcp;
filename rlink "C:\Program Files\SAS Institute\SAS\V8\connect\saslink\tcpwin.scr";
Signon;
```

① %let Test=127.0.0.1

➡ 해당 Server의 IP Address를 기입한다.

② options remote=test comamid=tcp;

➡ remote=test

: 위에서 정한 Server의 IP Address의 alias name을 기입한다.

➡ comamid = tcp

: Server Access Method Id를 기입한다.
Internet Address를 활용하는 방법에는 tcp method id가 기입한다.

③ filename rlink "C:\Program Files\SAS Institute\SAS\V8\connect\saslink\tcpwin.scr"

➡ SAS/Conenct 연결 Script를 지정해 준다.
일반적으로 SAS가 설치되어 있는 root directory에 connect\saslink안에는 여러 가지의 script가 존재하고 있다. 그 중에서 tcp access method를 사용하며, window 일 경우 tcpwin.scr을 활용한다.

④ Signon

➡ 최종 Signon 실행 명령어이다.

[표 8-4] Server 연결 프로그램 수행 결과가 성공했을 경우 Log

```
NOTE: Remote signon to TEST commencing (SAS Release
8.02.02M0P012301).
NOTE: Script file 'tcpwin.scr' entered.
NOTE: Logged onto Windows... Starting remote SAS now.
NOTE: SAS/CONNECT conversation established.
NOTE: Copyright (c) 1999-2001 by SAS Institute Inc., Cary, NC,
USA.
NOTE: SAS (r) Proprietary Software Release 8.2 (TS2M0)
      Licensed to SAS INSTITUTE EMPLOYEE USE SOFTWARE, Site
0000800045
NOTE: This session is executing on the WIN_PRO platform.

NOTE: SAS initialization used:
      real time           0.61 seconds
      cpu time            0.46 seconds

NOTE: Remote signon to TEST complete.
```

➡ Server와의 연결이 성공적으로 이루어져 있을 경우 위와 같은 결과가 log창에 출력이 된다.

[표 8-5] Server 연결 프로그램 수행 결과가 실패했을 경우 Log

```
ERROR: A communication subsystem partner link setup request
failure has occurred.
ERROR: connect call failed, system error is '10061 -
WSAECONNREFUSED'.
ERROR: Remote signon to TEST cancelled.
```

➡ Server와의 연결이 Error가 발생했을 경우 위와 같은 에러가 발생을 한다.
에러가 발생할 경우 다음과 같은 사항을 Check를 해야 한다.

① Server의 IP가 올바른지 확인한다.
② Server의 O/S를 확인한다.
③ 해당 Access Method가 올바른지 확인한다.
④ 연결 Script가 제대로 설정이 되어 있는지 확인한다.

8.2 Server 라이브러리 생성

Server와의 연결이 성공을 했다면 해당 데이터의 라이브러리를 설정해야 한다.
Server 라이브러리 생성 후, 로컬에 해당 Server 라이브러리를 참조해야 한다.

[표 8-6] Server 라이브러리 생성

```
rsubmit;
   libname temp 'd:\';
endrsubmit;
```

➡ Server 라이브러리 생성은 기존의 라이브러리 생성하는 방법과는 동일하다.
단, Processing의 수행 주체가 Server이기 때문에 rsubmit/enrsubmit을 통하여 해당 프로그램을 수행한다.

[표 8-7] 로컬에서 Server 라이브러리 참조

```
LIBNAME temp slibref=temp server=test;
```

➡ 로컬에서 Server 라이브러리를 참조 시 필요한 내용은 다음과 같다.

① LIBNAME temp

➡ 로컬에서 활용한 라이브러리명을 기입한다.
Work 라이브러리명을 제외하고 Server 라이브러리 이름과 동일 이름을 사용해도 무방하다.

② slibref=temp

➡ 로컬에서 참조할 Server 라이브러리명을 기입한다.

③ server=test

➡ 해당 Server의 alias를 기입한다.

[표 8-8] 라이브러리 생성 화면

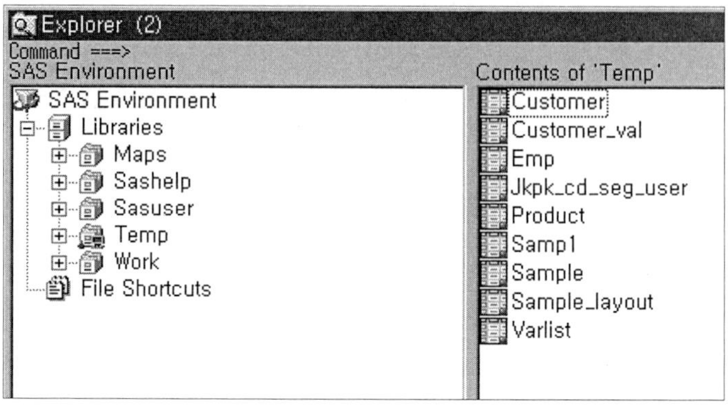

➡ 로컬에서 생성된 라이브러리와 Server의 라이브러리를 참조한 경우는 라이브러리 icon의 모양으로 구분이 가능하다. 컴퓨터 모양이 들어가 있는 icon의 라이브러리가 Server 라이브러리를 참조한 모양의 icon이다.

8.3 Processing 방법

서두에서 설명했듯이 C/S 환경에서는 수행 processing의 주체가 어디에 있는지가 중요하다.
Server 라이브러리를 참조하되 프로세싱의 주체가 Server 혹은 로컬이 가능하다.

(1) Server Processing

Rsubmit/Endrsubmit을 통하여 프로그램을 수행을 하면 processing의 주체는 Server가 된다.
Remote Submit의 약자로 rsubmit으로 사용한다.

[표 8-9] Server Processing 프로그램 예제

```
rsubmit;
    ------------------------------------
    ------------------------------------
    ------------------------------------
endrsubmit;
```

(2) Local Processing

Local processing의 경우에는 기존의 방법으로 프로그램을 수행을 하게 되면 데이터는 해당 Server 라이브러리에 존재하는 데이터를 사용하되 processing의 주체는 로컬이 된다.

8.4 Server 연결 종료

Server와의 작업 완료 후 해당 연결을 완료하려면 command 창에서 "Signoff"를 수행하면 된다.
결과 log 창에 Server와의 연결을 끊었다는 메시지가 출력된다.

[표 8-10] Server 연결 종료 결과 log

```
NOTE: Remote signoff from TEST commencing.
NOTE: Libref TEMP has been deassigned.
NOTE: SAS Institute Inc., SAS Campus Drive, Cary, NC USA
27513-2414
NOTE: The SAS System used:
      real time           18:05.23
      cpu time            0.71 seconds

NOTE: Script file 'tcpwin.scr' entered.
NOTE: SAS/CONNECT conversation terminated.
NOTE: Remote signoff from TEST complete.
```

chapter 09

SAS 활용 Tip

본 장에서는 SAS를 활용하여 프로그램 작성 시 SAS의 효율적인 환경 설정 및 내용에 대해서 설명한다. SAS 프로그래밍과 직접적인 관련은 없지만 오류를 빠르게 판단하고 키 조작을 편리하고 효율적으로 지원할 수 있다.
SAS 설치 후 기본적으로 제공되는 사용자의 윈도우 환경(SAS에서는 이를 Framework이라 함)을 사용자가 편리하게 Program Editor/Enhanced Editor/Log/Output 창 등을 배열하는 방법과 설정창을 변경하기 위한 옵션 등을 설명한다. 또한, 사용자의 Key 정의를 통한 단축키 효과에 대해서도 설명할 것이다.

9.1 SAS 창 배열

SAS를 설치 후 실행을 하게 되면 가장 일반적인 창으로 배열이 이루어져 있다. 물론, 기본적으로 제공되는 창 배열을 그대로 사용해도 무방하다. 단, 자주 사용되는 창을 통한 배열과 폰트의 설정을 통하여 SAS에 다가가는데 좀 더 쉽고 다른 기분으로 접근할 수가 있을 것이다.
실제적으로 창의 재배열을 통한 SAS의 첫 화면과 설치 후 기본적으로 제공되는 첫 화면의 느낌은 사뭇 다르다.

[그림 9-1] 설치 후 기본적인 창의 배열

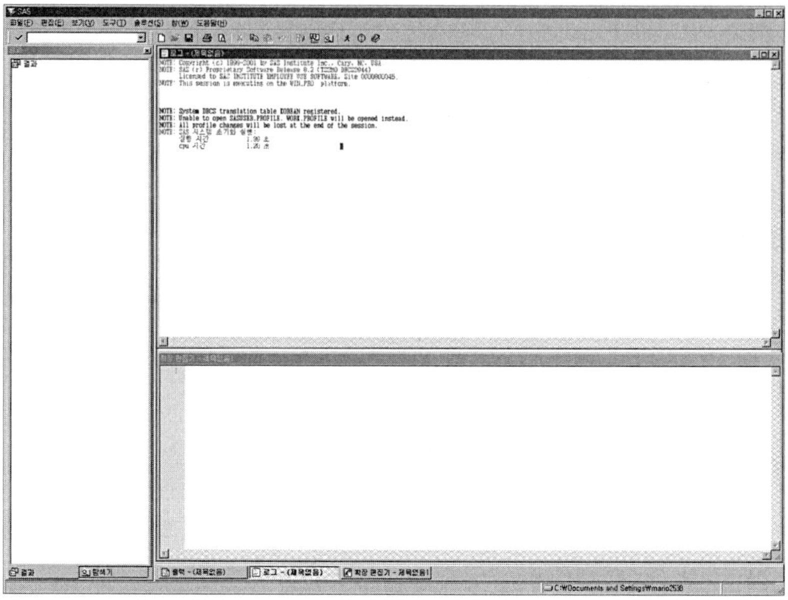

- 위의 창 배열을 보면 왼쪽에 탐색창으로 인한 실제 작업 수행공간이 작아졌다. 탐색창을 통하여 바로 결과를 확인해 볼 수 있는 장점이 있는 반면 가장 자주 사용되는 프로그램 창과 로그창의 공간이 축소되어 있다는 단점이 존재한다.

[그림 9-2] 사용자 정의 창 배열

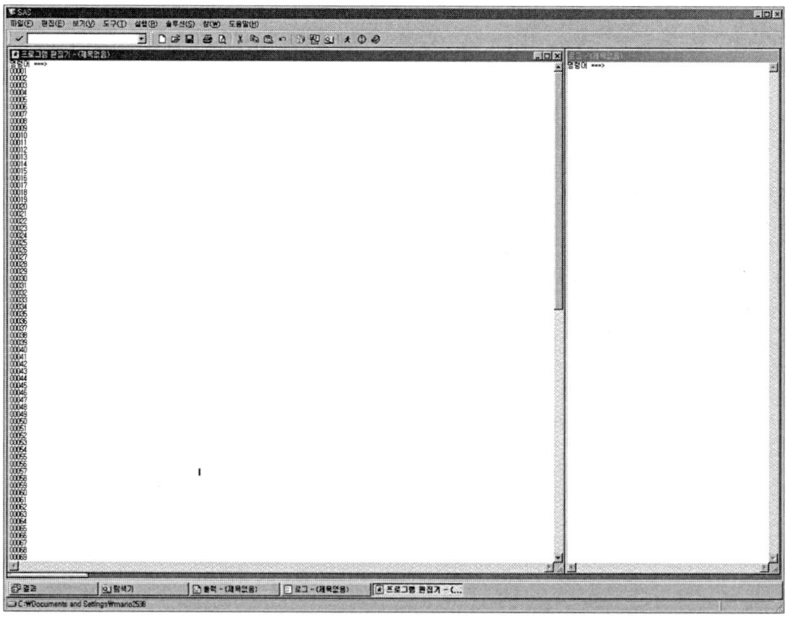

- 일단, 탐색기창을 탭으로 변환하여 가장 자주 사용되는 프로그램 창과 로그창의 작업 공간을 확보하였다.
- 탐색기와 결과 창이 하단의 탭으로 존재하기 때문에 결과 확인을 하는데 있어서 불편한 점은 없다.
- 프로그램이나 로그가 옆으로 추가되는 것보다 아래로 추가되는 것이 대부분이기 때문에 창을 가로보다 세로를 길게 배치하는 것이 프로그램 하는 데에도 유리할 것이다.

※ 창 배열 방법

① 옵션 설정창에서 [결합보기] 선택을 해제한다.

도구 ➡ 옵션 ➡ 설정창에서 보기 탭에서 결합보기 선택

[그림 9-3] 옵션 설정창 ➡ 보기 탭

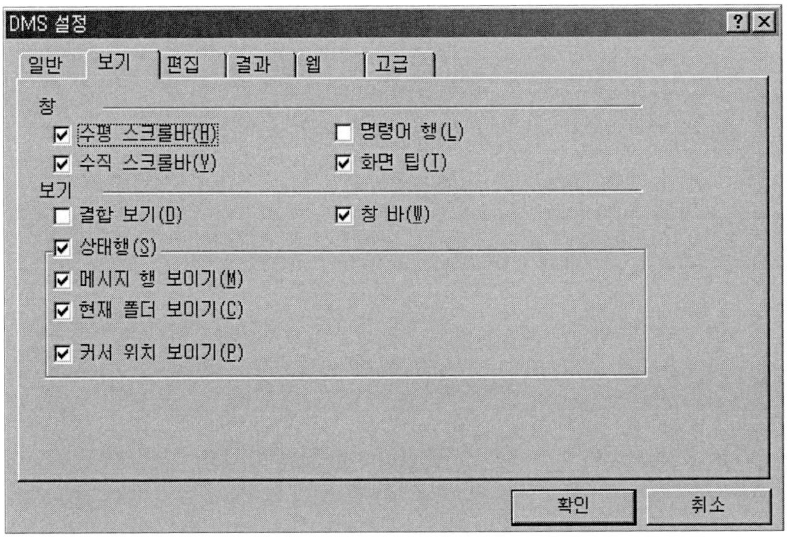

결합보기를 해제하면 탐색기창이 탭으로 변환된다.

② 프로그램 창을 활성화하여 마우스로 영역을 확보한다.

③ 로그 창 역시 창을 활성화 하여 마우스로 영역을 확보한다.

9.2 SAS 설정창 (DMS)

[그림 9-4] 옵션 설정창 ➡ 일반 탭 (Default)

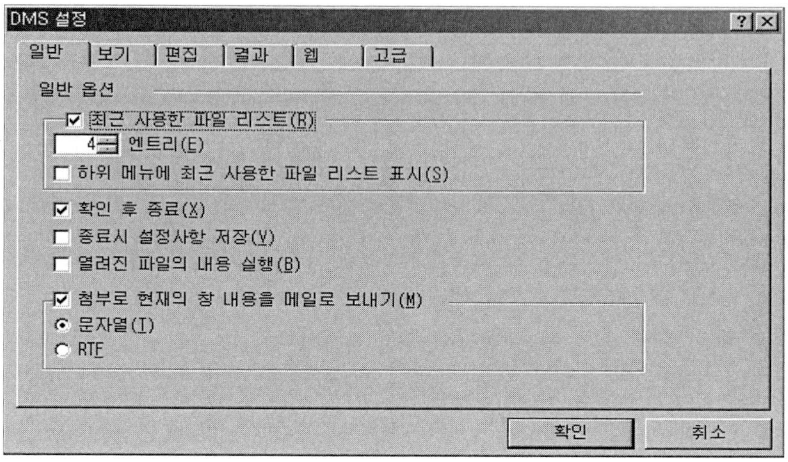

[일반 탭]의 Default Setting이다.

- 종료 시 설정사항 저장 : Check 할 경우 SAS 프로그램 종료 시의 환경을 저장하여 재실행할 경우 저장 환경을 불러온다. 만약, Check 하지 않을 경우 매번 default 환경으로 호출된다.
- 열려진 파일의 내용 실행 : Check 할 경우 파일 오픈시 바로 프로그램을 submit 한다.

[그림 9-5] 옵션 설정창 ➡ 보기 탭 (Default)

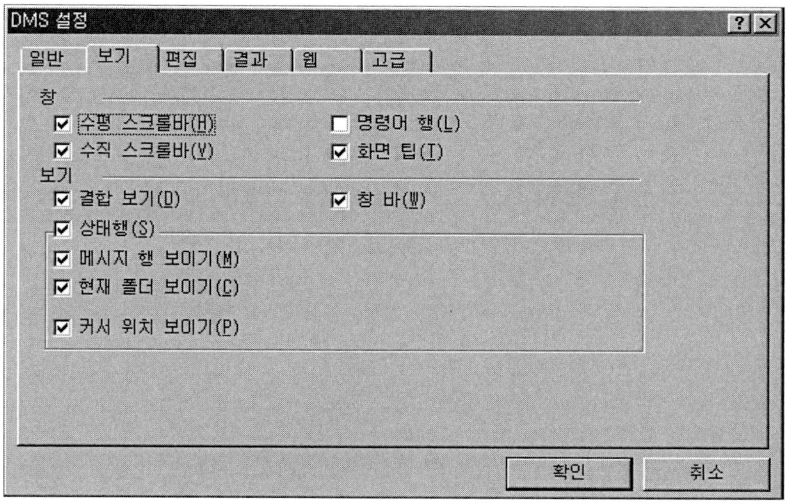

[보기 탭]의 Default Setting이다.

- 명령어 행 : Check 할 경우 프로그램 Editor 상에 command 라인이 추가가 된다.
- 결합 보기 : 탐색기창이 사라지고 결과가 탐색기가 탭으로 변환된다.

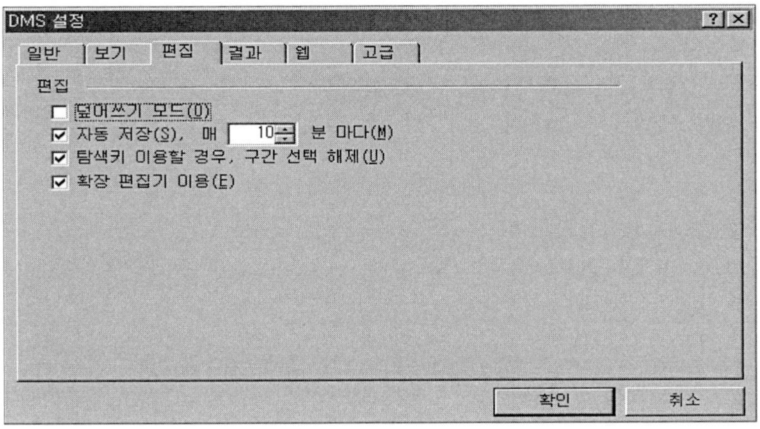

[그림 9-6] 옵션 설정창 ➡ 편집 탭 (Default)

[편집 탭]의 Default Setting이다.

- 덮어쓰기 보드 : Check 할 경우 프로그램의 저장 시 사용자 확인 여부없이 overwrite 한다. Check를 해제할 경우 프로그램의 overwrite/append 여부를 사용자에게 물어본다.
- 확장 편집기 이용 : Check 할 경우 프로그램 editor와 확장 편집기가 동시에 탭으로 존재하며, 해제할 경우 SAS 시스템 실행이 확장 편집기는 나타나지 않는다.

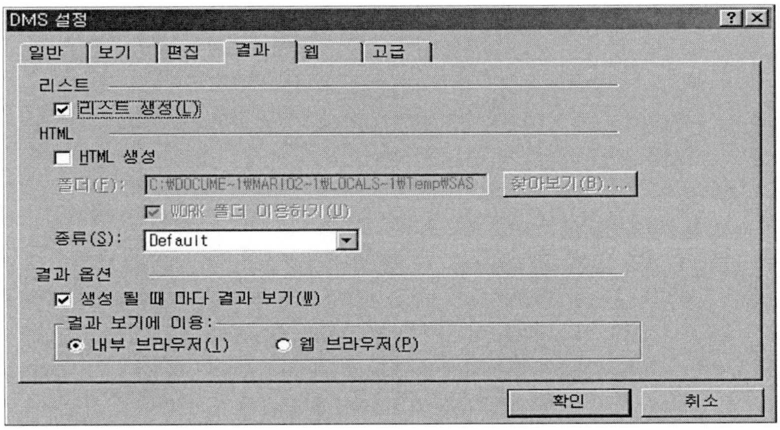

[그림 9-7] 옵션 설정창 ➡ 결과 탭 (Default)

[결과 탭]의 Default Setting이다.

- HTML 생성

  : Check 할 경우 SAS 시스템에서 생성되는 output이 html 파일로 생성된다.

Default 파일 경로와 skin 역시 기록할 수가 있다.

9.3 사용자 정의 Key 설정

사용자가 SAS 시스템 내에서 활용할 수 있는 단축키를 등록하여 사용할 수가 있다.

F9 기능키를 통하여 사용자 정의 단축키를 등록할 수가 있다.

[그림 9-8] 사용자 정의 Key 등록

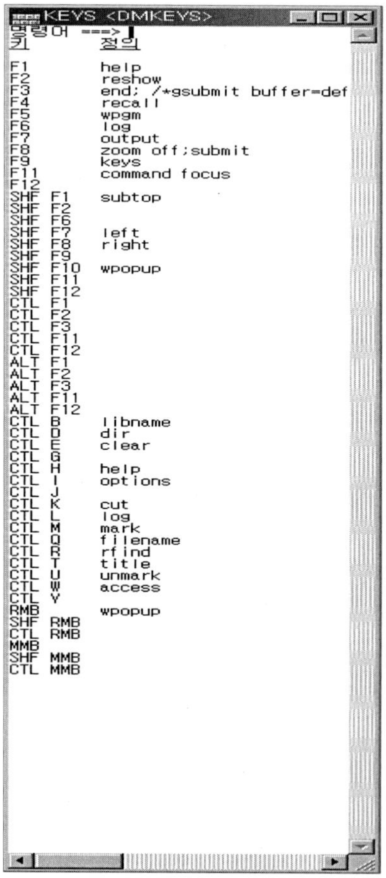

- 정의되어 있는 단축키에 사용자가 정의할 명령어를 등록하여 사용할 수가 있다. 정의되어 있는 key의 명령어 변경 역시 가능하다.

9.4 Indent 활용

프로그램 작성 시 다른 사람이 작성한 프로그램을 참조하는 경우가 자주 발생을 한다. Indent의 적용이 잘 되어 있는 프로그램의 경우 해독 및 보기가 편한 반면, indent가 적용이 되어 있지 않은 프로그램의 경우는 해독 및 보기가 아주 불편하다. 나중에 자기가 작성한 소스 역시 indent가 적용이 되어 있는 경우가 역시 보기가 편할 것이다.

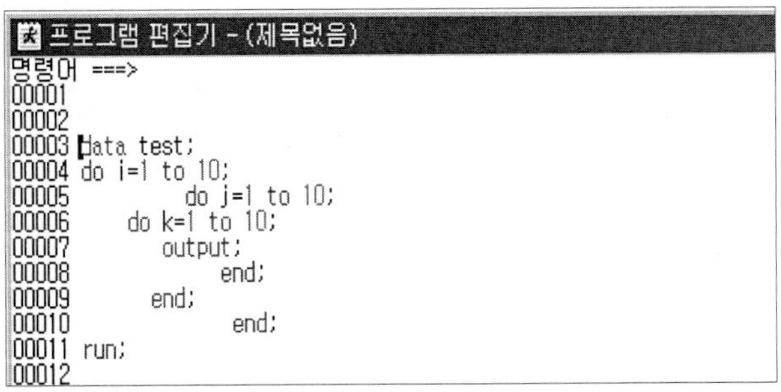

[그림 9-9] Indent가 적용되어 있지 않은 경우 예제

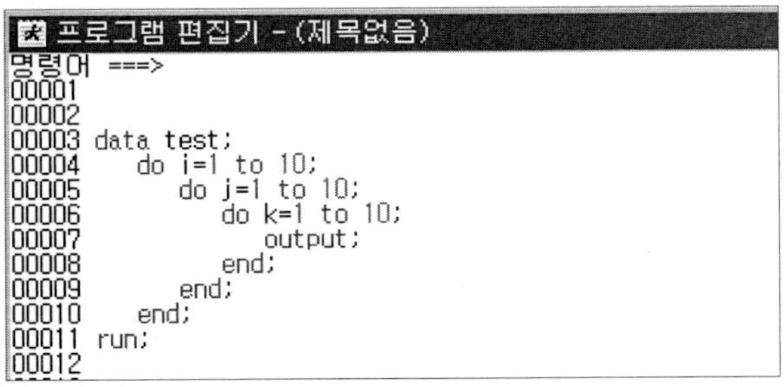

[그림 9-10] Indent가 적용되어 있는 경우 예제

- 사용자가 보기에도 Indent가 적용되어 있는 경우와 그렇지 않은 경우를 바로 구분이 가능할 것이다. 아주 큰 부분은 아니지만 처음에 작성할 때 고려하여 작성을 하면 추후에 프로그램 해독 및 참조가 수월할 것이다. Indent 수행이 tab으

로 구분하는 것은 권장하지 않는다. 컴퓨터마다 사용자의 tab 정의 길이는 상이하기 때문에 다른 사람이 작성한 프로그램 호출 시 tab 길이의 차이 때문에 indent가 적용이 되어 있다고 해도 원본처럼 볼 수는 없을 것이다. 따라서 indent 작성 시에는 space bar를 통하여 들여쓰기 및 띄어쓰기를 하는 것을 권장한다.

9.5 프로그램 Description 활용

프로그램 작성 시 프로그램 description을 작성하는 것을 권장한다. Indent 뿐만 아니라 추후에 프로그램을 참조시 description을 통하여 바로 프로그램의 목적 및 속성을 파악 가능하기 때문이다.

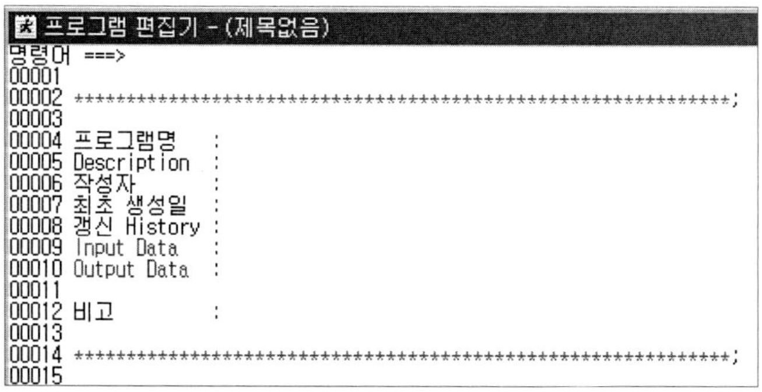

[그림 9-11] 프로그램 description 예제

9.6 프로그램 주석 달기

프로그램은 주로 사용자의 습관이나 기존에 했던 방법에 따라 작성된 형태가 매우 다르다. 작성한 프로그램을 향후 활용할 때에도 처음부터 프로그램을 다시 정독하거나 무시하고 다시 작성하는 경우도 드물지는 않는 것 같다.

들여쓰기(Indent)나 프로그램의 각 설명문(description)을 사용하지 않았던 사용자는 하루아침에 바로 습관을 들이는 것이 쉽지가 않을 것이다. 그럼에도 불구하고 굳이 프로그램을 정성스럽게 다루는 방법을 소개하는 것은 처음 프로그램 시작 시에 습관을 들여 놓으면 말 그대로 습관처럼 indent나 description을 자연스럽게 작성하게 되기 때문이다. 마치 공부하면서 메모를 하는 것과 같다.

작성한 사람이 추후에 해독 가능하도록 도움말을 프로그램 상에 주석으로 표현하는 것이며 인수인계나 다른 사람에게 프로그램을 설명할 때 주석이 아주 용이하게 사용된다.

SAS에서 주석을 다는 방법은 두 가지가 있다. 주석을 잘못 사용할 경우 오히려 프로그램 에러가 발생하므로 조심해서 사용해야 한다.

- 주석 다는 방법

① /* ------------------------- */

이 방법은 (;)이 필요하지 않으며, 주로 문장을 주석처리 시에 용이하게 사용된다.

② * ----------------------------;

이 방법은 반드시 (;)이 필요하다. (;)을 생략했을 경우 다음 (;)이 만나는 곳까지 주석처리가 된다. 주로 단문장을 처리할 경우 용이하게 사용된다. 여러 문장을 위와 같이 (;)으로 구분하여 사용 가능하다.

9.7 이름 정의

데이터의 생성에서 보고서까지 작성되는 데이터, 프로그램에 대한 공통되고 일관된 구조와 형태를 제공하여 향후 작성 및 관리에 따르는 노력과 비용을 최소화하는데 그 목적이 있다. 또한, 일관성 있고 통일된 형태로 작성되어 알아보기 편리하도록 하는 것도 목적이다. 이를 위하여 다음과 같은 사항을 반드시 사전에 고려해야 한다.

(1) 분석 및 관리 중에 작성되는 모든 문서에 공통된 양식과 체계를 가지도록 해야 한다.
(2) 이미 작성된 파일들이 향후 유사한 형태의 조사나 분석의 활용을 위해 재사용 가능해야 한다.
(3) 모든 문서작성에 일관성을 유지해야 한다.

9.7.1 프로그램 이름

작성된 모든 파일들의 관리 용이성을 위해 폴더의 관리도 매우 중요하다. 조사의 시작부터 조사의 성격에 부합하도록 폴더를 생성하여 관리한다. 다음은 폴더관리 예제이다. 폴더의 이름도 파일명의 명명규칙을 만드는 절차와 동일하다. 관리 성격에 따라 작성하거나 날짜에 따라 폴더를 작성 가능하다. 날짜에 의하여 작성하는 경우 날짜 별로 작성한 파일들에 대한 목록을 별도로 준비해야 한다. 날짜별 목록이 없는 경우, 최종 작성한 파일을 찾지 못해 곤란을 겪을 수 있기 때문이다.

[표 9-1] 폴더 정의 사례

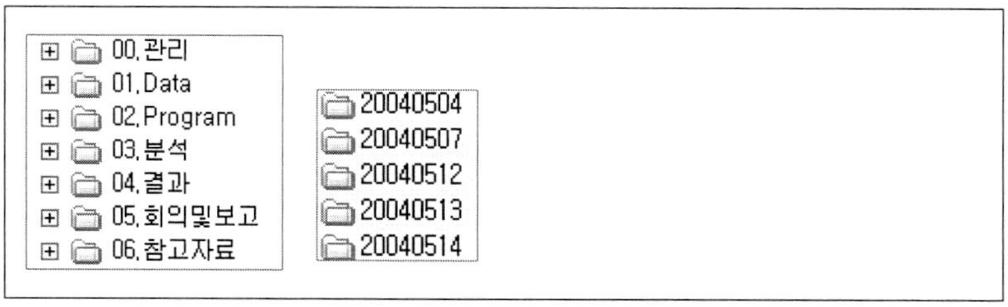

프로그램 이름을 작성할 때에는 다음과 같은 요소가 포함되도록 고려한다.
(1) 단계 : 프로그램의 진행단계 (생성, 변환, 탐색, 분석, 평가, 결과 등)
(2) 프로그램명 : 프로그램 파일명
(3) 작성자명 : 해당 파일을 작성하는 당사자
(4) 작성일자 : 해당문서의 작성 일 [(20040730) 또는 040730 등]
※ 단, 많은 부분은 폴더의 분류 및 관리를 통해 프로그램명의 복잡성을 해결할 수 있다.

9.7.2 데이터셋 이름

개념적으로 데이터이름을 정의한 다음 분석에 적용할 데이터 이름을 정의한다. 개념적 데이터 정의는 객관적으로 이해 가능한 한글 이름을 부여하되, 널리 통용되는 영문단어는 영문으로 표기한다. 개념적 데이터가 정의되면 실질적으로 데이터를 생성하거나 프로그램을 작성할 때 사용할 물리적 데이터 이름을 정의한다.

다음은 데이터셋 이름 부여 예제이다.

(1) 대문자로 표기

(2) 8자리 내외로 표기(SAS 6.xx 버전은 8문자까지만 정의 가능했다.)

(3) 처음 2자리는 용도 표기한다. (예: Code(CD), Master(MA), Summary(SU), Transaction(TR), Temporary(TP) 등)

(4) 데이터셋 이름은 영문으로 표기한다. 정의할 때 다음과 같은 사항에 유의하여 정의한다.

1) 데이터이름은 개념적 데이터이름에 대한 영문약어로 표기
2) 약어표기가 너무 길거나 다른 표현과 중복되는 경우는 새로운 약어 정의
3) 영어 발음을 그대로 한글화하여 표기 하지 않음
4) 적절한 길이 제한을 정의 (예: 8자 내외 등)
5) 작성된 데이터이름은 별도의 목록을 작성하여 관리

9.7.3 변수 이름

컬럼 또는 변수이름을 정의하는 절차는 데이터이름을 정의하는 절차와 동일하다. 다만, 동일 조사에서 자주 사용하는 컬럼에 대해서는 용어에 대한 공유를 위하여 별도의 용어사전을 준비하고 관리하는 것이 좋다. 용어사전을 작성하는 절차는 다음과 같다.

(1) 객관적으로 이해할 수 있는 명칭을 부여

(2) 일반적으로 통용되는 영문단어는 영문 표기

(3) 약어가 사용된 경우 약어의 표기가 너무 길거나 다른 표현과 혼동을 일으킬 수 있는 용어는 적절한 다른 약어를 새로 정하여 표기
(4) 영어 발음을 그대로 한글화하여 표기하지 않음
(5) 길이를 구체적으로 정하여 관리 (예: 20자 이내)

이름을 정의하는 절차는 다음과 같은 사례를 들 수 있다.
(1) 대문자로 표기
(2) 8자리 내외로 표기 (예외적으로 8자리 이내 가능)
(3) 데이터의 성격에 따라 접두어를 사용 : 프로그램 작성에서 매크로를 활용한 활용이 용이해질 수 있다. (예 : Target 변수(Y 또는 T), 설명변수 또는 독립변수(X), 클래스(C), 순서형(O), 명목형(M), 번호(N) 등)
(4) 데이터의 단위, 성격을 나타내는 접미어를 2~3자리 선택한다. (예: 코드(CD), 명칭(NM), 금액(AMT), 수량(QTY), 선택(OPT), 여부(YN), 구분(DIV), 퍼센트(PCT), 기간(TRM), 년도(YY), 월(MM), 일(DD), 일자1(YMD), 일자2(DT), 상태(ST) 등)

9.8 SAS 결과의 HTML 저장

SAS의 매우 유용한 기능중 하나는 ODS(Output Delivery System)이다. ODS는 SAS에서 생성된 결과들을 HTML이나 SAS 데이터셋으로 저장해 주는 기능이다. 즉, SAS를 통해 계산되거나 출력되는 모든 중간결과들도 HTML이나 SAS 데이터셋으로 저장이 가능하다.

프로그램은 주로 사용자의 습관이나 기존에 했던 방법에 따라 작성된 형태가 매우 다르다. 작성한 프로그램을 향후 활용할 때에도 처음부터 프로그램을 다시 정독하거나 무시하고 다시 작성하는 경우도 드물지는 않는 것 같다.

(1) HTML 저장

ODS 문장을 결과를 출력하기 위한 문장의 앞에 다음과 같이 정의한다.

[표 9-2] ODS 문법

```
ODS HTML body='결과저장파일';
    프로시저들...
ODS HTML CLOSE;
```

[표 9-3] ODS 활용 예제

```
ODS HTML body='c:\result.html';
    PROC PRINT DATA = a;
    RUN;

    PROC MEANS DATA = a;
    RUN;
ODS HTML CLOSE;
```

상기 예제의 경우에는 [그림 9-7]의 설정에서 결과 출력을 "HTML"로 설정해도 동일한 결과를 얻을 수 있다.

(2) SAS 데이터셋으로 저장

동일하게 ODS 문장을 이용하여 SAS에서 제공하는 중간결과들을 모두 SAS 데이터셋으로 저장할 수 있다. 중간결과에 대한 데이터셋 이름을 파악하기 위해 다음과 같이 "TRACE ON" 문장을 수행한다.

[표 9-4] ODS의 TRACE

```
ODS TRACE ON;
PROC UNIVARIATE DATA=a NORMAL;
RUN;
```

♠ 프로시저의 경우 출력 결과를 생략하는 옵션(NOPRINT 등)을 사용하면 안 된다.

다음과 같이 UNIVARIATE의 결과 및 정규성 검증 옵션에 대한 모든 결과의 데이터셋 이름이 로그창에 출력된다.

[표 9-5] ODS의 TRACE

```
추가된 출력물:
-------------
이름:        Moments
라벨:        적률
서식파일:    base.univariate.Moments
경로:        Univariate.Salary.Moments
-------------

추가된 출력물:
-------------
이름:        BasicMeasures
라벨:        위치측도와 변이측도
서식파일:    base.univariate.Measures
경로:        Univariate.Salary.BasicMeasures
-------------

추가된 출력물:
-------------
이름:        TestsForLocation
라벨:        위치모수 검정
서식파일:    base.univariate.Location
경로:        Univariate.Salary.TestsForLocation
-------------

추가된 출력물:
-------------
이름:        TestsForNormality
라벨:        정규성 검정
서식파일:    base.univariate.Normal
경로:        Univariate.Salary.TestsForNormality
-------------

추가된 출력물:
-------------
이름:        Quantiles
라벨:        분위수
서식파일:    base.univariate.Quantiles
경로:        Univariate.Salary.Quantiles
-------------

추가된 출력물:
-------------
이름:        ExtremeObs
라벨:        극 관측치
서식파일:    base.univariate.ExtObs
경로:        Univariate.Salary.ExtremeObs
-------------
```

데이터셋 이름을 파악하면 다음과 같이 해당 프로시저의 중간에 적절히 "ODS OUTPUT" 문장을 이용하여 사용자가 정의하는 데이터셋 이름을 기록한다.

[표 9-6] ODS의 OUTPUT

```
PROC UNIVARIATE DATA=a NORMAL;
   ODS OUTPUT
        TestsForNormality=normtest;
RUN;
```

저장된 SAS 데이터셋 "normtest"는 다음과 같다. 변수명을 파악하려면 보기 > 컬럼이름 메뉴를 클릭하면 된다.

[그림 9-12] 정규성 검증 중간 결과 데이터셋

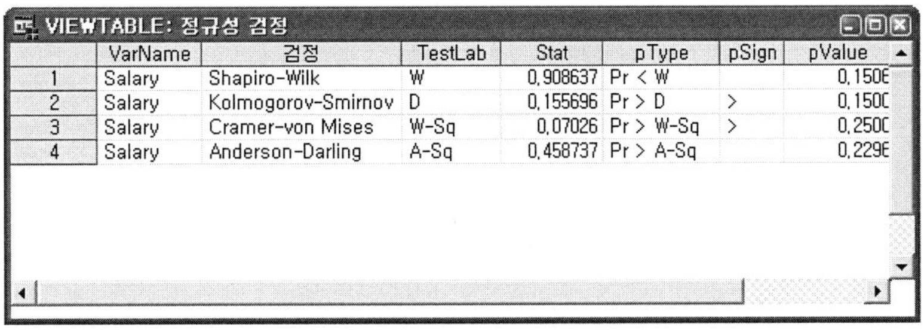
VIEWTABLE: 정규성 검정

	VarName	검정	TestLab	Stat	pType	pSign	pValue
1	Salary	Shapiro-Wilk	W	0.908637	Pr < W		0.150E
2	Salary	Kolmogorov-Smirnov	D	0.155696	Pr > D	>	0.150C
3	Salary	Cramer-von Mises	W-Sq	0.07026	Pr > W-Sq	>	0.250C
4	Salary	Anderson-Darling	A-Sq	0.458737	Pr > A-Sq		0.229E

♠ ODS는 SAS의 출력창에 표시되는 모든 결과를 SAS 데이터로 저장하게 된다.

9.9 SAS 데이터셋 정보

SAS에서 생성되는 데이터셋(테이블)의 정보는 "SASHELP 라이브러리의 VTABLE"이라는 뷰테이블로 저장된다.

[그림 9-13] SASHELP. VTABLE

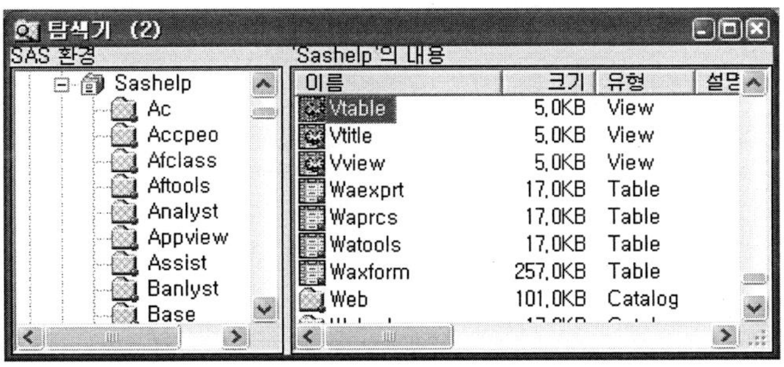

물론, SAS가 종료되면 이 정보는 초기화되어 버린다. 이 테이블에 저장하고 있는 내용은 다음과 같다.

[표 9-14] VTABLE의 컬럼들

Sashelp.Vtable 속성 찾아보기...

칼럼

칼럼명	유형	길...	출력형식	입력형식	라벨
libname	문자열	8			Library Name
memname	문자열	32			Member Name
memtype	문자열	8			Member Type
memlabel	문자열	256			Dataset Label
typemem	문자열	8			Dataset Type
crdate	숫자	8	DATETIME.	DATETIME.	Date Created
modate	숫자	8	DATETIME.	DATETIME.	Date Modified
nobs	숫자	8			Number of Observations
obslen	숫자	8			Observation Length
nvar	숫자	8			Number of Variables
protect	문자열	3			Type of Password Protection
compress	문자열	8			Compression Routine
encrypt	문자열	8			Encryption
npage	숫자	8			Number of Pages
pcompress	숫자	8			Percent Compression
reuse	문자열	3			Reuse Space
bufsize	숫자	8			Bufsize
delobs	숫자	8			Number of Deleted Observations
indxtype	문자열	9			Type of Indexes
datarep	문자열	32			Data Representation
reqvector	문자열	24	$HEX.	$HEX.	Requirements Vector

확인 취소

다음과 같은 프로그램을 통해 SQL이나 요약 프로시저를 사용하지 않고 해당 라이브러리의 데이터셋의 관찰치 개수를 가져올 수 있다.

[표 9-7] 데이터 개수 파악

```
DATA a (KEEP=libname memname memtype nobs);
    SET SASHELP.VTABLE;
    WHERE memtype='DATA' and libname='WORK';
RUN;
```

♠ 특정 데이터셋을 입력 받아 데이터 개수를 알아내는 매크로를 작성해보라.

9.10 결측치 일괄 처리

SAS에서 수치형 변수의 결측치는 기본값으로 "."으로 정의한다. 이를 변경하기 위해 옵션 등을 활용할 수 있다. 도구 > 옵션 > 시스템 메뉴를 클릭하거나 명령어 라인에서 "OPTIONS"를 입력하고 엔터를 친다. 다음 그림과 같이 Missing에 마우스 오른쪽 클릭하여 값 수정에서 기본값 "."을 "0으로 변경한다. 1자리의 수치를 입력해야 한다.

[그림 9-15] 결측치 변경 옵션

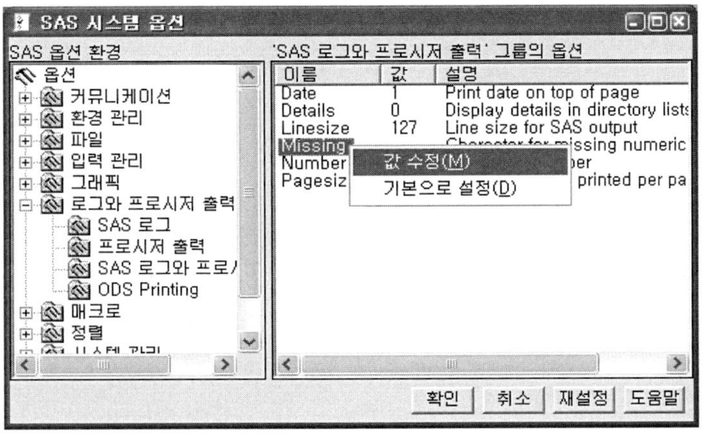

[표 9-8] 결측치 일괄 변경 옵션

```
OPTIONS MISSING=0;
```

이 옵션은 1자리 수치만을 지정 가능하므로 그 외의 기호를 주고 싶을 때에는 다음과 같이 프로그래밍을 통해 쉽게 해결 가능하다.

[표 9-9] 결측치 일괄 변경 옵션

```
DATA a (drop=i) ;
    SET a ;
    ARRAY nums{*}  _numeric_ ;
    DO  i = 1  TO  dim(nums) ;
    if nums{i} = . then nums{i} = 0;
    END;
RUN;
```

9.11 숫자, 문자 패턴 검증

데이터의 속성 상 문자값만을 가지고 있거나 숫자값만을 가지고 있는 지를 체크하는 경우가 종종 발생한다. 특히 웹사이트를 통해 얻어진 데이터의 경우 숫자가 입력될 곳에 문자를 입력하는 경우도 발생하기 때문이다.
SAS의 패턴 함수를 통해 쉽게 검증 가능하다. 다음 예제는 문자값만을 검증하는 예제이다.

[표 9-10] 문자값 검증

```
d = RXPARSE("$'a-z,A-Z'" );
matchY = RXMATCH(d,a);
IF matchy > 0 THEN valuey=SUBSTR(a,matchy,1);
```

문자와 기호를 검증하는 예제이다.

[표 9-11] 문자와 기호 검증

```
e = RXPARSE ("^'0-9'" );
matchX = RXMATCH(e,a);
IF matchX > 0 THEN valuex=SUBSTR(a,matchx,1);
```

9.12 SAS 데이터셋의 압축

SAS의 분석 기능에서 데이터를 액세스하는 속도는 일반 소프트웨어에서의 데이터 액세스 속도보다 매우 빠른 성능을 발휘한다. 다만 SAS 데이터셋은 상대적으로 커지게 되기 때문에 분석 이후 데이터셋의 보관 문제도 발생하게 된다. 특히 데이터셋에 문자형 변수가 많이 포함될수록 데이터의 크기는 매우 커진다. 이를 위해 SAS에서는 데이터셋을 실시간으로 압축하는 옵션을 제공한다.

[표 9-12] 전체 데이터셋 압축 옵션

```
OPTIONS COMPRESS=YES;
```

특정 라이브러리 내의 데이터셋을 압축하고자 하는 경우는 다음과 같이 라이브러리를 정의할 때 옵션으로 정의한다.

[표 9-13] 전체 데이터셋 압축 옵션

```
LIBNAME Q "A:\" COMPRESS=YES;
```

다음과 같이 문자형 변수를 생성하는 예제를 통해 압축률을 확인해 보자.

[표 9-14] 전체 데이터셋 압축 옵션

```
OPTIONS COMPRESS=YES;
DATA k;
   DO I=1 TO 100 BY .01;
      j=COMPRESS(i||"--th"); OUTPUT;
   END;
RUN;
```

로그창을 보면 데이터셋이 약 29% 압축률을 보인다.

[표 9-15] 전체 데이터셋 압축 옵션

```
NOTE: 데이터셋 'WORK.K'은(는) 9901개 관측치, 2개 변수를 가지고
있습니다.
NOTE: Compressing data set WORK.K increased size by 28.33
percent.
Compressed is 77 pages; un-compressed would require 60 pages.
NOTE: DATA 문장 실행:
      실행 시간           0.04 초
      cpu 시간            0.03 초
```

♠ 문자열이 많은 경우 (문자열 길이가 긴 경우) 매우 효율적이다.

9.13 데이터셋 병합

매크로에 의한 반복 수행을 하면서 생성되는 데이터셋을 병합하기 위해 “APPEND 프로시저”가 사용된다. 다음 예제와 같이 BASE=병합될 전체 데이터셋을 지정한다.

[표 9-16] 전체 데이터셋 압축 옵션

```
%MACRO kk;
%DO i=1 %TO 5;
   DATA a&i;
      DO i=1 TO &i*10;
         y=sin(i); output;
      END;
   RUN;
   PROC APPEND BASE=bbb DATA=a&i;
   RUN;
%END;
%MEND;

%kk;
```

총 5회 반복되면서 a1~a5까지 5개의 데이터셋이 생성되고 “bbb”라는 데이터셋에 전체 데이터셋이 생성된다.

♠ BASE=에 지정할 데이터셋은 아무 데이터셋이나 무관하다. 단, 변수명이 다르면 오류가 발생하므로 신규 데이터셋을 지정하는 것이 효과적이다.

9.14 INFILE 문장의 옵션

INFILE 옵션 중에서 “MISSOVER”와 “TRUNCOVER”는 비슷한 의미를 가지고 있으나 사용상 전혀 다른 의미를 가지므로 주의해서 사용할 필요가 있다.
이들 문장은 INPUT 문장에서 정의한 변수의 개수 대비 읽으려는 데이터의 개수가 부족한 경우 사용자가 결측치 또는 NULL(공백)으로 처리할 것인지를 정의해 주는 역할을 한다. MISSOVER는 부족한 데이터를 모두 결측치로 처리하는 경우 사용된다. 다음 예제를 보자.

[표 9-17] MISSOVER 예제

```
DATA exam;
  INFILE CARDS MISSOVER;
  INPUT  x y z;
  PUT x y z;
CARDS;
1 2 3
4 5
7
;
```

```
결과 (로그창)
1 2 3
4 5 .
7 . .
```

MISSOVER를 생략하는 경우에는 실제 데이터만을 읽어 들이게 되어 의도와는 다른 데이터가 생성된다. 다음 예제를 확인해 보기 바란다.

[표 9-18] MISSOVER 예제

```
DATA exam;
  INFILE CARDS; *----MISSOVER를 생략함;
  INPUT  x y z;
  PUT x y z;
CARDS;
1 2 3
4 5
7
;
```

```
결과 (로그창)
1 2 3
4 5 7
```

TRUNCOVER 옵션은 기본적으로 MISSOVER와 동일하며, 공백으로 부족한 데이터를 채운다.

찾아보기

기 호

영 문

[A]

[B]

[C]

한 글

[ㅍ]

[ㅎ]

이성희
오카야마대학 통계학전공 이학박사
(주)허브넷 컨설팅사업팀 팀장

박영택
인하대학교 산업공학과 공학석사
(주)허브넷 솔루션사업팀 책임컨설턴트

SAS 데이터 엔지니어링

2006년 7월 20일 1판 1쇄 발행
2011년 3월 20일 1판 2쇄 발행

저 자 / 이성희·박영택
발행자 / 오판근
발행처 / 교우사

주 소 / 서울 동대문구 제기2동 148-19
전 화 / 925-2861(代), 편집부 / 925-2825
팩 스 / 925-2860

E-mail / kyowoo@kyowoo.co.kr
http://www.kyowoo.co.kr

등록 / 1994. 3. 24 제6-0256호

ISBN 978-89-8172-623-2 (93310)

값 **15,000**원